Vorwort

Das vorliegende Arbeitsbuch ist ein wichtiger Bestandteil des Lehrwerks ***Le Nouveau Taxi ! 1.***

Die Zielsetzung: Neben der Festigung und Vertiefung der im Lehrbuch vermittelten Inhalte berücksichtigt das Arbeitsbuch besonders die Bedürfnisse von Lernenden mit deutscher Muttersprache:

- Deutsche Arbeitsanweisungen
- Übungen und Erläuterungen zu Strukturen, die für Deutschsprachige schwierig sind
- kurze landeskundliche Informationstexte

In erster Linie ist das Arbeitsbuch für das selbstständige Nachbereiten des Lernstoffes zu Hause vorgesehen. Darüber hinaus ist es auch im Unterricht einsetzbar und enthält dafür Partnerübungen.

Im Einzelnen bietet das Arbeitsbuch folgende Rubriken:

GRAMMAIRE	Grammatikübung
VOCABULAIRE	Wortschatzübung
COMPRENDRE	Übung zum Leseverstehen
ÉCRIRE	Schreibtraining
PHONÉTIQUE	Übung zur Aussprache
INFO	Landeskundliche Informationen – zunächst auf Deutsch, ab *Leçon* 25 auf Französisch
À DEUX	Partnerübung – für den Unterricht oder mit einem Partner zu Hause
TRANSFERT	Transferübung – hier werden die *Savoir dire*-Abschnitte aus den *Leçons* zusammengefasst und in lerner- und handlungsorientierten Situationen angewandt
SYSTÉMATISER	Zusammenfassende Übungen zur Bewusstmachung von wichtigen sprachlichen Phänomenen – alle vier Lektionen
LERNTIPP	Hinweise, Tipps und Strategien für ein effektiveres Lernen
DELF	Die gesondert gekennzeichneten Übungen entsprechen in ihrer Aufmachung und in ihrem Niveau der Prüfung zum *DELF A1*.

- Im Anhang finden Sie ab Seite 100 das zweisprachige lektionsbegleitende Vokabular mit dem kompletten **Wortschatz** zu den Lektionen des Lehrbuchs.
- Der **Lösungsschlüssel** ist beigelegt.

Zusätzliche Materialien, auch für den Unterricht, finden Sie im Internet unter www.langenscheidt.de/nouveau-taxi.

Viel Spaß und Erfolg wünschen Ihnen
Autoren und Verlag

Unité 1 Rencontres

LEÇON 1 Bienvenue !

GRAMMAIRE

1 Masculin ou féminin ? Kreuzen Sie die richtige Lösung an.

	M	F
1 Je suis française.	☐	☐
2 Mon mari est italien.	☐	☐
3 Vous êtes français ?	☐	☐
4 Elle s'appelle Marine Combe.	☐	☐

GRAMMAIRE

2 Qui est-ce ? Vervollständigen Sie die Sätze mit *je, il, elle* oder *vous.*

1 .... êtes Marc ?
2 Alberto ? .... est italien ?
3 Oui, ... suis français.
4 Mon mari ? Oui, ... est français.
5 Non, ... s'appelle Clara.

3 *Et, es* ou *est* ? Setzen Sie das richtige Wort ein.

1 Tu .... allemand ? – Non, français. Ma femme .... allemande.
2 Qui ....-ce ? – C' .... Gérard, mon mari.
3 Voici monsieur .... madame Petit.
4 La femme .... suisse .... le mari .... autrichien.

4 *Être* ou *s'appeler* ? Ergänzen Sie das richtige Verb und achten Sie auf die Verbform.

Exemple : Vous ... Aline ? Vous ... Aline ? → Vous ***êtes*** *Aline ? Vous* ***vous appelez*** *Aline ?*

1 C' .... Marc Dubois. Il .... Marc Dubois.
2 Vous .... Paul ? Vous .... Paul ?
3 Je .... Lorenzo. Je .... Lorenzo Forte.
4 C' .... ma femme. Elle .... Laura.
5 Je .... française et je .... Fatou.

GRAMMAIRE

5 Présentations. Unterstreichen Sie die richtige Lösung in der Klammer.

1 – Bonjour. Vous (êtes – s'appelle) madame Latour ? – Oui, (c'est – je) m'appelle Pauline Latour.
2 – (Qui – il) est-ce ? – C'est Marine Combe. (Il – Elle) est française.
3 – (Il – Vous) êtes italien ? – Oui, je (suis – est) italien ; je (m'appelle – s'appelle) Francesco.

COMPRENDRE

6 Questions-réponses. Verbinden Sie.

1 Il est français ? → b
2 Qui est-ce ?
3 Vous êtes français ?
4 Il s'appelle Alberto Ferro ?
5 Vous êtes Paul ?

a C'est Sophie Marceau.
b Non, il est italien.
c Oui, je suis français.
d Non. Luc. Je m'appelle Luc.
e Oui. Il est italien.

VOCABULAIRE

7 **Classes de mots.** Ordnen Sie die Wörter der passenden Wortart zu.

je et italien s'appeler être il qui elle vous oui bonjour française tu

Pronomen	Adjektive	Verben	Andere Wortarten

À DEUX

8 Qui est-ce ?

1 Wie kann man noch sagen? Suchen Sie zu zweit im Lehrbuch auf den Seiten 14/15 die Wendungen, mit denen man sich vorstellen bzw. seinen Namen nennen und seine Nationalität angeben kann.

1 Mon nom est Ferro, Alberto Ferro. ....

2 Lucie a la nationalité française. ....

2 Denken Sie sich eine Rolle (Name und Nationalität) aus und erfragen Sie, wer Ihr Gegenüber ist.

Exemple : A : Vous êtes madame Marceau ?
B : Non, je m'appelle Corinne Dubois. Et vous ? Vous êtes... ?

INFO

Ein paar Tipps für die Begrüßung
Im Französischen sollten Sie zu einer Person nicht einfach nur **Bonjour**. – *Guten Tag.* sagen, das ist nicht besonders höflich. Wenn Sie jemanden nicht mit Namen kennen, sollten Sie auf jeden Fall **madame** bzw. **monsieur** hinzufügen: **Bonjour, madame. Bonjour, monsieur.** Wenn Sie jemanden mit Namen kennen, umso besser; dann sagen Sie: Bonjour, madame Latour. **Bonjour, monsieur Latour. Bonjour, Albert.**

TRANSFERT

9 **Façons de dire : Saluer et se présenter.** Sie lernen jemanden kennen, begrüßen sich und stellen sich vor. Was sagen Sie in dieser Situation auf Französisch?

1 Sie begrüßen den Herrn.

....

2 Sie fragen ihn, ob er Herr Doré ist.

....

3 Sie stellen sich mit Ihrem Namen vor.

....

4 Sie nennen Ihre Nationalität (z. B. *allemand/e* – deutsch; *autrichien/ne* – österreichisch; *suisse* – schweizerisch).

....

5 Sie fragen Herrn Doré nach einer anderen, Ihnen unbekannten Person.

....

LEÇON 2 Qui est-ce ?

COMPRENDRE

1 Le nom et le prénom. Bringen Sie den Dialog in die richtige Reihenfolge.

.... a Elle est italienne ?
.... b Qui est-ce ?
.... c Oui, et le nom est allemand.
.... d Le prénom est italien.
.... e C'est Carla Wilhelm.
.... f Non, elle est allemande.

GRAMMAIRE

Die Präposition *de*
Mit der Präposition **de** bildet man den Genitiv bzw. Genitivverbindungen: **la femme de Michel** – *die Frau von Michel*, **le nom de famille** – *der Familienname*. Beginnt das angeschlossene Substantiv mit einem Vokal oder mit h, wird **de** zu **d'**: **le mari d'Amélie** – *der Mann von Amélie*, **la carte d'identité** – *der Personalausweis*, **le professeur d'Hugo** – *Hugos Lehrer*.

GRAMMAIRE

2 Qui est-ce ? Vervollständigen Sie die Sätze mit *le*, *la* oder *l'* und *de* oder *d'*.

1 .... 'étudiant est dans .... cours .... 'allemand.
2 C'est .... professeur .... français.
3 Voici .... femme .... monsieur Petit.
4 C'est .... directrice .... 'Annie.
5 .... 'Autrichien est .... mari .... Nicole.

GRAMMAIRE

Die Präpositionen bei Ländern und Städten
Um im Französischen zu sagen, dass man in einem Land oder einer Stadt wohnt, braucht man eine Präposition.
- Bei weiblichen Ländernamen oder Namen mit Vokal am Anfang steht **en**: **en France** (la France) – *in Frankreich*; **en Irak** (l'Irak *m*) – *im Irak*.
- Bei männlichen Ländernamen steht **au** (= **à** + **le**): **au Japon** – *in Japan*.
- Bei Städten wird immer **à** verwendet: **à Bruxelles** – *in Brüssel*.

Tipp: Die meisten Ländernamen, die auf **-e** enden, sind weiblich: **la Suisse**, **la Chine**, etc.
Viele Ländernamen, die auf einen anderen Vokal oder einen Konsonanten enden, sind männlich: **le Nigéria**, **le Chili**, **le Sénégal**, **le Luxembourg**.

3 Nationalités, pays et villes avec prépositions. Ergänzen Sie.

1 Monsieur Petit est .... Il habite .... France, ... Toulouse.
2 Madame Rousseau est .... Elle habite .... Belgique, ... Bruxelles.
3 Tu es étudiant .... Tu habites .... Canada, ... Montréal.
4 La famille Müller est .... Elle habite .... Suisse, ... Lausanne.
5 La famille Berger est .... Elle habite .... Autriche, ... Vienne.
6 – Qui est-ce ? – C'est Oliver. Il est .... Il habite .... Allemagne, ... Munich.

GRAMMAIRE

4 **Cartes de visite.** Lesen Sie die Visitenkarten und bilden Sie Sätze, wie im Beispiel vorgegeben.

Maria-Pilar GOMEZ
Plaça de Catalunya, 27
08000 Barcelone (Espagne)
1

Anna Angelini
Via Bogino, 5
00186 Rome (Italie)
2

Wolfgang Burrichter
Wittlaerer Kamp, 28
40489 Düsseldorf
(Allemagne)
3

Lin Ng
10-14 Wellington Street
Central
Hong Kong (Chine)
4

1 *Maria-Pilar Gomez est espagnole. Elle habite à Barcelone, en Espagne.*

2 ……

3 ……

4 ……

À DEUX

5 **Qui est-ce ?** Suchen Sie sich einen Partner / eine Partnerin. Denken Sie sich eine Rolle aus und notieren Sie Ihre „Eigenschaften" auf einem Zettel: Name, Beruf, Land, Stadt, Nationalität. Erfragen Sie dann, wer Ihr Gegenüber ist.

Exemple : *A :* *Je m'appelle...*
B : *Je suis... Vous êtes dentiste ?*
A : *Non, je suis photographe. Et vous ? Vous êtes... ?*

INFO

Männliche und weibliche Berufsbezeichnungen
Bei den meisten Berufen gibt es im Französischen eine männliche und eine weibliche Form: **le direc*teur* / la direc*trice*, l'assistant / l'assistant*e*** usw. Auch der Artikel allein kann das Geschlecht bezeichnen: ***le* secrétaire / *la* secrétaire**, ***le* dentiste / *la* dentiste** usw. Vor allem bei Berufen, die früher überwiegend von Männern ausgeübt wurden, gibt es nur eine Form: **le médecin** – *der Arzt / die Ärztin,* **l'ingénieur** – *der Ingenieur / die Ingenieurin.* Wenn hier explizit eine Frau gemeint ist, ergänzt man *femme*: **la femme médecin** – *die Ärztin.* Einige Berufe verwendet man seit den 90er Jahren mit dem weiblichen Artikel: **la ministre** – *die Ministerin,* **la professeur** – *die Lehrerin.*

TRANSFERT

6 **Façons de dire : Présenter une personne.** Sie stellen eine Person vor. Wie sagen Sie auf Französisch, ...

1 dass das Frau Steinmeier ist? ……

2 dass sie von Beruf Lehrerin ist? ……

3 dass sie in Berlin, Deutschland, wohnt? ……

4 dass sie Deutsche ist? ……

5 dass sie sympathisch ist? ……

LEÇON 3 Ça va bien ?

COMPRENDRE

1 Tu ou vous ? Lesen Sie die Sätze und bringen Sie die beiden Dialoge in die richtige Reihenfolge.

a Oui, et toi ?
b Je vais bien, merci. Et vous ?
c Oui, elle a 15 ans maintenant.
d Ah oui ! Quelle est ton adresse ?
e Oh moi, ça va. J'habite à Toulouse maintenant.
f Ça va, ça va... C'est votre fille ?
g Salut Théo, tu vas bien ?
h Bonjour, madame, comment allez-vous ?

1	....	....	....	....
2	....	....	....	....

GRAMMAIRE

2 Possession. Unterstreichen Sie die richtige Antwort in den Klammern.

1 – C'est (ton – ta) amie ?
– Non, c'est l'amie de (mon – ma) fille.
2 Anne ? Elle est dans (sa – son) chambre.
3 Vous allez bien ? Et (ma – votre) femme ?
4 – Jacques est à Bruxelles maintenant !
– Quelle est (sa – son) adresse ?
5 – Oui, oui, j'ai (ta – votre) numéro de téléphone.

GRAMMAIRE

3 *Un* ou *une* ? Finden Sie die richtige Lösung.

1 C'est .... homme ? Non, c'est .... femme.

2 Catherine est .... étudiante française. Elle a .... ami autrichien.

3 J'ai .... adresse e-mail et .... téléphone portable.

4 Est-ce que vous avez .... chambre avec balcon ?

5 Elle a .... bébé ? C'est .... fille ou .... garçon ?

GRAMMAIRE

4 Questions-réponses. Finden Sie die passenden Fragen.

Exemple : – Quel est ton nom ? → Sandra... Sandra Mayerhofer.

1 – .... → – J'ai 21 ans.

2 – .... → – Je suis étudiante.

3 – .... → – Je suis autrichienne.

4 – .... → – 23, rue de la Poste, à Paris.

5 – .... → – C'est le 01 41 47 63 27.

6 – .... → – C'est smayerhofer@wanadoo.fr.

INFO

Französische Telefonnummern
Französische Telefonnummern sind in der Regel 10-stellig und werden meist in Zweiergruppierungen geschrieben und gesprochen: 01 33 47 11 51 = **zéro un, trente-trois, quarante-sept, onze, cinquante et un**. Anhand der ersten beiden Ziffern erfahren Sie noch mehr: 01 steht für Nummern aus dem Großraum Paris, 02 für den Nord-Westen, 03 für den Nord-Osten, 04 für den Süd-Osten, 05 für den Süd-Westen Frankreichs und 06 zeigt an, dass es sich um eine Handy-Nummer handelt.

VOCABULAIRE

5 *Aller, être* ou *avoir* ? Ergänzen Sie.

1 – Comment .... -vous ? – Je .... bien, merci.

2 – Tu .... une amie ? – Oui, j' .... une amie. Elle .... allemande.

3 – Tu .... bien ? – Ça .... Je .... malade.

VOCABULAIRE

6 Les chiffres et les lettres.

1 Schreiben Sie die folgenden Telefonnummern in Ziffern.

a Le zéro un, quarante-trois, trente-six, vingt, dix-huit. ....

b Le zéro quatre, quarante-neuf, douze, soixante-neuf, vingt et un. ....

c Le zéro trois, cinquante et un, dix-huit, trente-deux, zéro neuf. ....

2 Schreiben Sie die folgenden Zahlen aus.

a 18 ....

b 23 ....

c 32 ....

d 47 ....

e 55 ....

f 61 ....

À DEUX

7 Quel nombre ? Ratespiel: A denkt sich eine Zahl zwischen 1 und 69 aus, die B erraten muss.

Wenn B eine Zahl genannt hat, bekommt er / sie jeweils einen Hinweis, ob die gedachte Zahl höher *(C'est plus.)* oder niedriger *(C'est moins.)* ist als die genannte.
Lesen Sie das Beispiel, es geht ganz einfach!

Exemple : *A : (denkt sich die Zahl 35)* — *B : 13.*
A : C'est plus. — *B : 25.*
A : C'est plus. — *B : 37.*
A : C'est moins. — *B : 36.*
A : C'est moins. — *B : 35.*
A : C'est ça !

TRANSFERT

8 Façons de dire : Parler de l'autre et s'informer.

Sie treffen einen Kollegen und fragen ihn nach einer Kollegin, von der Sie schon länger nichts mehr gehört haben. Was sagen Sie in dieser Situation auf Französisch?

1 Sie begrüßen ihren Kollegen Jacques und fragen, wie es ihm geht.

....

2 Sie antworten auf seine Rückfrage, dass es Ihnen gut geht.

....

3 Sie fragen, ob er Neuigkeiten von Caroline hat.

....

4 Sie fragen, ob sie jetzt in Brüssel wohnt.

....

5 Sie fragen nach ihrer Telefonnummer.

....

6 Sie fragen, ob sie eine E-Mail-Adresse hat.

....

LEÇON 4 Correspond@nce.com

ÉCRIRE

1 **Correspondance.** Lesen Sie die E-Mail und ergänzen Sie die Akzente (´, `, ^), die Satzzeichen und die Großbuchstaben.

je cherche une correspondante

salut mon prenom c'est caroline je suis etudiante et j'habite a berne en suisse j'aime la litterature le cinema et je parle français et allemand j'ai un frere il est etudiant aussi mon pere est boulanger et ma mere est secretaire quel est mon age 18 ans

COMPRENDRE

2 **Renseignements.** Lesen Sie die E-Mail aus der vorigen Übung noch einmal und ergänzen Sie mit den darin enthaltenen Angaben zur Person der Absenderin das folgende Formular. (Erfinden Sie die Angaben, die nicht in der E-Mail enthalten sind.)

NOM	Âge ....
Prénom	Nationalité ....
Adresse	Profession ....
....	Profession du père ....
Numéro de téléphone	Profession de la mère ....

ÉCRIRE

3 **Portrait.** Sehen Sie sich die Zeichnung genau an. Schreiben Sie dann ein Porträt von Amélie Morin (Name, Adresse, Alter, Beruf, Interessen).

N = Nom *(Name)*
P = Prénom *(Vorname)*
SF = Sexe féminin *(weiblich)*
BD = boulevard

→ *Elle s'appelle* ....

....

....

....

....

À DEUX

4 Vous aimez... ?

1 Sammeln Sie zusammen mit Ihrem Partner / Ihrer Partnerin mithilfe eines Wortigels Dinge, die Sie gerne machen.

2 Differenzieren und erweitern Sie Ihre Sammlung durch ein Mind-Map. Was mögen Sie sehr (☺☺ = beaucoup), ganz gern (☺ = j'aime bien), überhaupt nicht (☹ = pas du tout)?

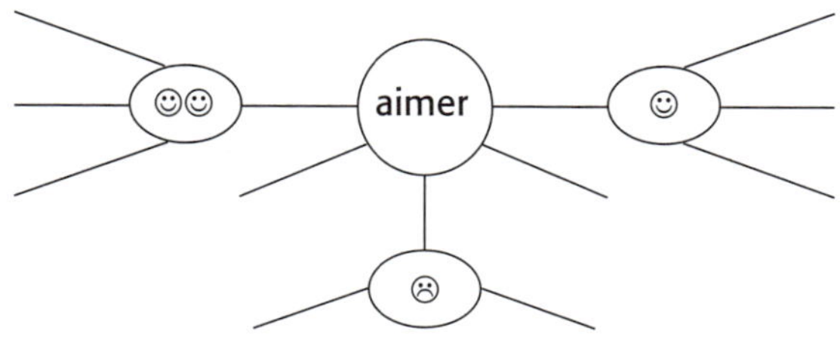

TRANSFERT

5 **Façons de dire : Se présenter.** Stellen Sie sich schriftlich vor, schreiben Sie einen kleinen Steckbrief über sich. Nennen Sie Ihren Namen, Ihr Alter, die Stadt und das Land, in dem Sie leben, Ihren Beruf und was Sie gerne in Ihrer Freizeit machen.

....

....

....

....

SYSTÉMATISER

S 1 Conjugaisons.

Ergänzen Sie die richtigen Verbformen. Sie kennen bereits den Singular der regelmäßigen Verben auf *-er* und von *avoir*, *être* und *aller* sowie die dazugehörige Höflichkeitsform. Unterstreichen Sie anschließend die Endungen der regelmäßigen Verben – und merken Sie sich diese gut!

	habiter	aimer	s'appeler	avoir	être	aller
je/j'						
tu	habites	aimes	t'appelles		es	
il / elle						
nous	habitons	aimons	nous appelons	avons	sommes	allons
vous						
ils / elles	habitent	aiment	s'appellent	ont	sont	vont

LERNTIPP

Französische Verben
Hier gibt es immer etwas zu lernen (und zu wiederholen!), besonders bei den unregelmäßigen Verben. Notieren Sie jedes Verb auf einem Karteikärtchen. Hilfreich ist es dabei, die Konjugationen nach Farben zu unterscheiden, z. B. regelmäßige Verben auf blauen, unregelmäßige auf gelben Kärtchen. Der Vorteil von Kärtchen: Sie können sie überallhin mitnehmen, um die Konjugationen zu wiederholen, wie z. B. in die U-Bahn, oder Sie können sie auch an Ihre Pinnwand in der Küche hängen und beim Kochen immer wieder üben.

LEÇON 5 Trouvez l'objet

VOCABULAIRE

1 **Les objets.** Ordnen Sie jedem Oberbegriff die entsprechenden Wörter zu.

chapeau / porte / chaise / blouson / lit / fenêtre / fauteuil / mur / veste

meuble	pièce	vêtement
....	....	....
....	....	....
....	....	....

GRAMMAIRE

***de* + bestimmter Artikel**
Die Präposition **de** verschmilzt mit dem bestimmten Artikel **le** und **les** zu **du** bzw. **des**:
à côté du fauteuil – *neben dem Sessel*, **à gauche des chaises** – *links von den Stühlen.*

Die Artikel **la** und **l'** bleiben erhalten: **à droite de la fenêtre** – *rechts vom Fenster*, **au-dessus de l'étagère** – *über dem Regal.*

2 ***De, du, de la, de l'* ou *des* ?** Setzen Sie ein.

1 Le chapeau est à côté .... blouson.

2 L'étagère est à gauche .... fenêtre.

3 Les affiches sont en face .... chambre .... fils.

4 La chaise est à droite .... étagère.

5 Les livres sont au-dessous .... chaises.

6 Il y a des photos au-dessus .... étagères.

LERNTIPP

Wörter besser behalten
Neue Wörter sollten Sie nicht einfach nur der Reihe nach lernen, isolierte Wörter vergessen Sie schnell. Mit inhaltlichen Verknüpfungen zwischen einzelnen Wörtern können Sie diese besser behalten. Ihr Gedächtnis kann sich z. B. besonders gut an Wortpaare mit gleicher bzw. ähnlicher oder gegensätzlicher Bedeutung (Synonyme und Antonyme) erinnern: **un fauteuil / une chaise** – *ein Sessel / ein Stuhl*, **le père / la mère** – *der Vater / die Mutter* usw. Auch die bildliche Vorstellung von absurden Zusammenhängen regt übrigens die Fantasie an und fördert das Gedächtnis!

GRAMMAIRE

3 ***le, la, les, l'* ou *un, une, des*.** Unterstreichen Sie die richtige Antwort in den Klammern.

1 (Des – Les) photos ? Elles sont dans (la – les) chambre.

2 Tu as (un – le) numéro de téléphone et (l' – la) adresse de Thomas ?

3 Oui, il y a (les – des) fenêtres dans (la – les) pièce.

4 Je cherche (une – la) correspondante en Suisse ou en Allemagne.

5 Tu as (un – le) garçon et (la – une) fille !

ÉCRIRE

4 **Quelle chambre !** Sehen Sie sich die Zeichnung genau an. Beschreiben Sie das Zimmer.

Il y a des livres sous le fauteuil ....

....

....

....

À DEUX

5 **Apprendre le vocabulaire à deux.** Sie fragen nach Wörtern, die Ihnen fehlen, Ihr Partner / Ihre Partnerin sagt Ihnen das Wort, dessen Gegenteil Sie finden müssen. Vergleichen Sie am Schluss, ob sich Ihre beiden Kärtchen richtig ergänzen.

Exemple : *A :* *Qu'est-ce que c'est 1a ?*
B : *C'est le contraire de « derrière ».*
A : *C'est « devant ».*

Tipp: In dieser Partnerübung sollen Sie Informationen austauschen: A hat andere Informationen als B. Suchen Sie sich zuerst eine/n Partner/in und bestimmen Sie, wer A ist und wer B. Dann decken Sie bitte das Kärtchen Ihres Partners / Ihrer Partnerin ab. Und schon kann es losgehen!

A	a	b	c
1		sur	
2	à gauche de		s'il vous plaît
3		une fille	

B	a	b	c
1	derrière		bonjour
2		au-dessous de	
3	beaucoup		un homme

TRANSFERT

6 **Façons de dire : Décrire une pièce et ses objets.** Sie beschreiben ein Zimmer und die Gegenstände darin. Wie sagen Sie auf Französisch?

1 Sie fragen, welche Gegenstände in dem Zimmer sind.

....

2 Sie erkennen einen Gegenstand nicht und fragen nach.

....

3 Sie beschreiben, was auf dem Tisch steht: eine Vase mit Blumen, eine Flasche und zwei Gläser.

....

4 Sie sagen, dass Ihre Katze immer unter dem Sessel liegt.

....

LEÇON 6 Portrait-robot

VOCABULAIRE

1 **Mots mêlés.** Suchen Sie die zehn versteckten Wörter (waagrecht und senkrecht).
Ein Tipp: Es geht um Kleidung.

X	A	Y	P	O	D	G	F	J	K
Q	V	D	C	H	E	M	I	S	E
P	A	N	T	A	L	O	N	U	J
U	B	B	L	O	U	S	O	N	E
L	N	L	S	C	N	K	P	T	A
L	B	A	S	K	E	T	S	I	N
T	S	H	I	R	T	B	N	S	Q
A	I	M	A	N	T	E	A	U	F
G	H	L	B	R	E	E	I	X	Y
C	H	A	U	S	S	U	R	E	S

COMPRENDRE

2 **Qui est-ce ?** Ordnen Sie jede Beschreibung einer Personne zu.

.... 1 Elle est grande, brune. Elle a un pantalon noir et un T-shirt. Elle ne porte pas de lunettes.

.... 2 Il porte une chemise blanche et un jean. Il est blond. Il n'a pas de chaussures.

.... 3 Elle est petite, brune et elle porte des lunettes. Elle a un pantalon noir et blanc.

.... 4 Il est grand, brun. Il porte un pantalon blanc, un pull et des lunettes.

.... 5 Elle porte un pantalon noir, une chemise blanche et un sac. Et elle est blonde.

.... 6 Il ne porte pas de lunettes. Il est grand, brun. Il a une chemise blanche et un jean.

GRAMMAIRE

3 **Pronoms toniques.** Ergänzen Sie mit *elle* (2x), *vous* (2x), *lui*, *toi* (2x) und *moi* (3x).

1 Ma mère et ...., nous sommes blondes. Mon père , ..., il est brun.

2 ...., elle aime la couleur noire. Et ...., quelle couleur tu aimes ?

3 – Alexandre, elles sont à .... les lunettes ?
– Non, elles ne sont pas à ....

4 – Et ...., monsieur, vous parlez allemand ?
– Non, ... non, mais ma femme, ..., elle parle bien allemand.

5 Et .... les enfants, vous parlez allemand ?

GRAMMAIRE

4 **La négation.** Verneinen Sie die Sätze. Achten Sie darauf, ob Sie *ne ... pas* oder *ne ... pas de* verwenden müssen.

1 Ma robe est noire et blanche. ....

2 M. Duval a un blouson rouge. ....

3 Mes amis habitent à Bruxelles. ....

4 Nos voisins sont japonais. ....

5 Vous êtes Martine Amar ? ....

6 Sandrine aime la couleur bleue. ....

7 Les livres sont à elle. ....

À DEUX

5 **Les couleurs.** Sie haben die gleichen Kleidungsstücke im Kleiderschrank wie Ihr Partner / Ihre Partnerin, allerdings in anderen Farben. Erfragen Sie gegenseitig die Farben der Kleidungsstücke. Achten Sie auf die Anpassung des Adjektivs.

Exemple : *A :* *Quelle couleur a ta/votre robe ?*
B : *Ma robe est bleue. / Elle est bleue.*

A

	A	B
robe	vert	
pantalon	jaune	
jean	rouge	
pull-over	bleu	
chemises	noir	

B (auf dem Kopf gedruckt)

	A	B
robe		bleu
pantalon		rouge
jean		noir
pull-over		vert
chemises		blanc

INFO

Die Farben Frankreichs: bleu – blanc – rouge
Diese drei Farben finden sich auf der französischen Flagge wieder, der Trikolore. Erst seit 1830 ist die blau-weiß-rote Trikolore die offizielle Nationalflagge Frankreichs. Die Farben symbolisieren heute die Französische Revolution. Achtung: Wichtig ist, dass die Farben genau in der Reihenfolge Blau – Weiß – Rot und von links nach rechts angeordnet sind. Denn sonst wird daraus leicht die Flagge ... der Niederlande (Rot – Weiß – Blau von oben nach unten).

TRANSFERT

6 **Façons de dire : Décrire une personne avec ses vêtements.** Sie beschreiben eine Person und ihre Kleidung, Sie sprechen über sich. Wie sagen Sie auf Französisch?

1 Sie beschreiben einen Mann mit einer schwarzen Hose, einem grünen Hemd und Turnschuhen.

....

2 Sie sagen, dass Sie keine roten Schuhe haben.

....

3 Sie fragen, wem die Brille gehört.

....

4 Sie sagen, dass das nicht Ihre Brille ist.

....

5 Sie sagen, dass Sie Jeans nicht mögen.

....

LEÇON 7 Shopping

COMPRENDRE

1 Dans la boutique. Bringen Sie den Dialog in die richtige Reihenfolge.

a C'est cher, non ?
b Non, le gris.
c 65 €.
d Ah oui, j'aime bien la couleur ! Et elle n'est pas chère...
e Le pantalon bleu ?
f Non, ça va... Et cette chemise ? Elle est jolie.
g Comment tu trouves ce pantalon ?
h Bon, cette chemise et ce pantalon, s'il vous plaît.
i Il est très bien. Il coûte combien ?

1	2	3	4	5	6	7	8	9
......	......	......	......	......	......	......	......	......

GRAMMAIRE

2 C'est joli, non ? Ergänzen Sie *ce/cet*, *cette* oder *ces.*

1 .... robe bleue avec .... chaussures ? Hum hum...
2 Et toi, comment tu trouves .... lunettes ?
3 Je trouve .... chemise très jolie.
4 J'aime beaucoup .... pull noir aussi.
5 Oui, il est joli. Mais .... pull rouge avec .... robe verte, je n'aime pas.
6 .... objet rouge et blanc, là ? Ah non !

GRAMMAIRE

3 Quelle est la question ? Ergänzen Sie *comment*, *combien*, *quel(s)* oder *quelle(s)*.

1 .... types de vêtements est-ce que tu aimes ?
2 Ces chaussures coûtent ...., s'il vous plaît ?
3 .... tu trouves cette table ? Elle est jolie, non ?
4 D'accord. Et il y a .... couleurs ?
5 Oui, ... est la référence, s'il vous plaît ?

VOCABULAIRE

4 Les chiffres et les lettres. Schreiben Sie in Ziffern.

1 quatre-vingt-treize = ...
2 soixante et onze = ...
3 soixante-dix-huit = ...
4 cent dix-neuf = ...
5 neuf cent soixante-dix-neuf = ...
6 quatre cent quatre-vingt-huit = ...
7 deux cent soixante et un = ...

VOCABULAIRE

5 **Des phrases synonymes.** Wie kann man auch sagen? Vervollständigen Sie die Sätze.

1 Le blouson coûte combien ? ➜ Quel est le ....

2 J'aime beaucoup cette chemise. ➜ Je trouve cette chemise ....

3 Le manteau coûte 139 euros. ➜ Le manteau est ....

4 Cette robe avec des baskets, je n'aime pas. ➜ Cette robe ne ....

INFO

Französische Kleidergrößen
Erschrecken Sie nicht, wenn Sie in Frankreich Kleidung kaufen: Sie haben NICHT über Nacht zugenommen, weil Sie plötzlich statt Größe 40 eine 42 brauchen. Die Kleidergrößen sind nicht identisch, Sie müssen in Frankreich immer 2 dazuzählen. Das heißt, 36 in Deutschland entspricht 38 in Frankreich, 38 entspricht 40 usw. Bei der Schuhgröße (**la pointure**) gibt es allerdings keine Unterschiede!

À DEUX

6 **Le pull coûte combien ?** Auf Ihrer Katalogseite fehlen Preise, die Ihr/e Partner/in hat, und umgekehrt. Fragen Sie sich gegenseitig und tragen Sie die Preise bei sich ein.

Exemple : *A :* *La robe coûte combien ?*
B : *Elle coûte 180 euros.*

A

B

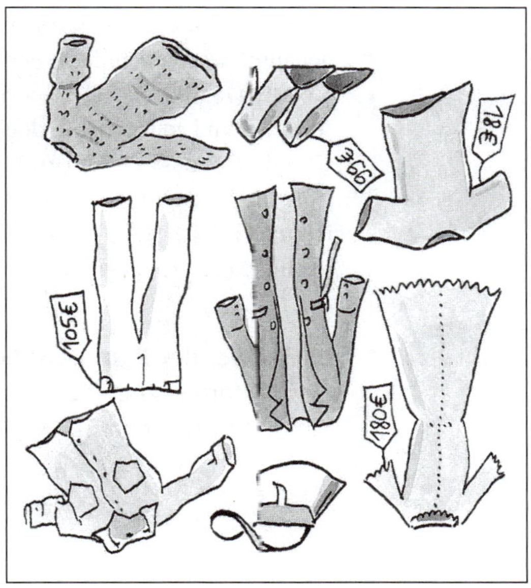

TRANSFERT

7 **Façons de dire : Passer une commande.** Sie sprechen mit einer Verkäuferin in einem Bekleidungsgeschäft. Was sagen Sie in dieser Situation auf Französisch?

1 Sie suchen ein grünes Kleid. ....

2 Sie sagen, dass Sie Größe 40 haben. ....

3 Sie sagen, dass das Kleid sehr hübsch ist. ....

4 Sie fragen, ob die Verkäuferin dieses Kleid in Größe 42 hat.

....

5 Sie fragen nach dem Preis. ....

6 Sie sagen, dass es für € 69 nicht teuer ist. ....

LEÇON 8 Le coin des artistes

VOCABULAIRE

1 **Les artistes et leurs œuvres.** Ordnen Sie jedem Künstler / jeder Künstlerin ihren Beruf und ihr Werk zu.

sculpteur	un poème	musicien	peintre	une sculpture	poète
une pièce de musique		une peinture	un roman		écrivain

1 Guillaume Apollinaire : ....

2 Camille Claudel : ....

3 Colette : ....

4 Claude Debussy : ....

5 Henri Matisse : ....

INFO

Guillaume Apollinaire (1880-1918): Der Dichter wurde besonders berühmt durch seine Lyrik, die sich deutlich durch avantgardistische und surreale Tendenzen von der seiner Zeitgenossen abhob.
Camille Claudel (1864-1943): Die Bildhauerin wird meist in einem Atemzug mit Auguste Rodin genannt, dessen Schülerin und Muse sie war.
Colette (1873-1954): Die Schriftstellerin war auch in anderen Bereichen begabt: Sie arbeitete als Schauspielerin und Journalistin, doch berühmt wurde sie durch ihre unzähligen Romane.
Claude Debussy (1862-1918): Der Komponist schrieb gerne Stücke für Klavier, er vertonte auch viele Gedichte und Dramen.
Henri Matisse (1869-1954): Eigentlich war er viel mehr als ein Maler: Er schuf auch Collagen, Skulpturen und sogar Kirchenfenster.

ÉCRIRE

2 ***La Môme*, der Film über Édith Piaf.** Beschreiben Sie die Personen und die Gegenstände auf den Bildern im Lehrbuch S. 30/31. Was sehen Sie darauf, welche Farben, Möbelstücke, Kleidungsstücke etc.?

....

....

....

....

ÉCRIRE

3 **Portraits-robots.** Sehen Sie sich die zwei Männer an und beschreiben Sie sie.

L'homme à gauche ....

....

....

L'homme à droite ....

....

....

À DEUX

4 **Qui est-ce ?** Zeichnen Sie eine Person mit bunten Kleidern oder wählen Sie eine Person aus dem Arbeitsbuch von S. 14 Übung 2 und denken Sie sich für sie farbige Kleidung aus. Beschreiben Sie Ihrem Partner / Ihrer Partnerin die Person, er/sie zeichnet diese Person. Vergleichen Sie dann die Zeichnungen.

TRANSFERT

5 **Façons de dire : Décrire une personne et son environnement.** (s. auch Lerntipp unten!) Beschreiben Sie sich selbst in Ihrer gegenwärtigen Situation. Schreiben Sie, wie Sie aussehen, was Sie anhaben, wo Sie gerade sind und wie Ihre Umgebung aussieht.

....

....

....

....

....

SYSTÉMATISER

S 1 **Conjugaisons.**
Ergänzen Sie die richtigen Verbformen. Sie kennen bereits das gesamte Präsens (Singular und Plural) der regelmäßigen Verben auf *-er*, von *avoir*, *être* und *aller*.

	montrer	parler	trouver	avoir	être	aller
je/j'			trouve	ai		
tu		parles				
il / elle	montre		trouve	a	est	
nous	montrons	parlons				allons
vous	montrez		trouvez	avez	êtes	
ils / elles		parlent				vont

S 2 **Les déterminants du nom.**
Das Nomen und seine Begleiter: Ergänzen Sie den richtigen Begleiter, wenn nötig. Überlegen Sie zuerst, welche Arten von Begleitern des Nomens Sie bereits kennen.

1 .... professeur de Jean-Michel est italien.

2 M. Legrand habite à .... Bordeaux.

3 – .... couleur est ce que tu n'aimes pas ? – La couleur jaune.

4 – Vous êtes .... photographe ? – Oui, c'est ça.

5 – À qui sont .... lunettes ? – Elles sont à Marie, ce sont .... lunettes.

6 J'ai .... amis au Canada.

7 Regardez ! .... homme est très très grand !

8 Ce blouson, c'est .... taille ?

LERNTIPP

Vielleicht fehlen Ihnen für die Übung 5 ein paar Wörter. Schlagen Sie trotzdem nicht sofort im Wörterbuch nach. Oft lässt sich etwas viel einfacher ausdrücken, als Sie sich auf Deutsch zurechtgelegt haben. Überlegen Sie von Anfang an auf Französisch, was Sie sagen wollen! Und wenn Sie dann doch einen Blick ins Wörterbuch werfen: Achten Sie auf die Besonderheiten des Wortes, z. B. das Geschlecht des Nomens, eine dazugehörige Präposition, die Konjugation des Verbs usw.

LEÇON 9 Appartement à louer

VOCABULAIRE

1 **Mots mêlés.** Suchen Sie die zwölf versteckten Wörter (waagrecht und senkrecht).
Ein Tipp: Es geht um das Thema „Wohnung".

T	A	S	C	E	N	S	E	U	R
O	X	C	H	A	M	B	R	E	P
I	M	M	E	U	B	L	E	C	L
L	T	G	P	N	B	L	G	U	A
E	E	H	I	P	H	F	S	I	C
T	T	S	E	O	Y	S	Z	S	A
T	A	Q	C	O	U	L	O	I	R
E	G	B	E	J	M	I	T	N	D
S	E	J	O	U	R	T	D	E	U
Y	V	P	A	R	K	I	N	G	P

GRAMMAIRE

2 **Un appartement très petit.**
Ergänzen Sie *à droite, dans, au coin, au bout* und *avec*.

L'immeuble est .... de l'avenue Albert Ier et de la rue du Palais. C'est un immeuble ancien de trois étages. L'appartement est au deuxième et, ... l'appartement, il y a trois pièces. La chambre et la salle de bains sont .... de l'entrée, ... les toilettes et, ... du couloir, il y a le séjour-cuisine. Il n'y a pas de placards.

GRAMMAIRE

3 ***Nous, vous, eux* ou *elles* ? Formen Sie die Sätze um, wie im Beispiel vorgegeben.**

Exemple : Il y a deux salles de bains dans notre appartement. ➜ *Il y a deux salles de bains chez* ***nous*.**

1 Elle habite avec Philippe et Nada. ....

2 Il y a combien de chambres dans votre appartement ? ....

3 Oui, c'est dans la maison de mes amies. ....

4 Ma mère habite avec ma femme et moi. ....

COMPRENDRE

4 **Devinettes.** **Lesen Sie alle Sätze und finden Sie heraus, wer in welchem Stockwerk wohnt.**

- L'immeuble a cinq étages.
- L'appartement de Paul et Virginie Leroy est sous l'appartement de Donatien Nurumbi.
- Suzanne Barbier est au premier étage.
- Au rez-de-chaussée, il n'y a pas d'appartement.
- Valérie Dutronc est dans l'appartement du dernier étage.
- Jean et Chantal Tillier habitent au-dessus de l'appartement de Mme Barbier

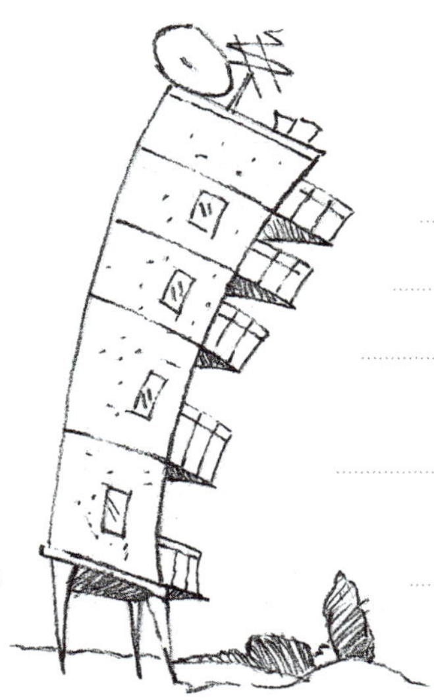

....

....

....

....

....

GRAMMAIRE

Die Ordnungszahlen (les nombres ordinaux)
Die Ordnungszahlen werden für Maskulinum und Femininum mit der Endung **-ième** gebildet, die an die Grundzahl angehängt wird. Endet die Grundzahl auf ein stummes e, fällt das **e** weg.

deux	deux**ième**	quatre	quatr**ième**	onze	onz**ième**
trois	trois**ième**	cinq	cinqu**ième**	vingt et un	vingt et un**ième**

Ausnahmen: **premier**, **première** – *erste/r/s*, **dernier**, **dernière** – *letzte/r/s*.
Achtung: **neuf – neuvième**

5 **Quel est le nombre correct ?** Ergänzen Sie die Ordnungs- oder Grundzahl.

1 M. et Mme Vidal habitent au (4) .... étage.

2 Il y a (3) .... placards dans l'appartement.

3 Vous prenez la (1) .... rue à droite.

4 Pour aller au musée, vous prenez le bus numéro (14) ....

5 J'habite (51) .... , avenue Foch.

6 Philippe a (25) .... ans.

GRAMMAIRE

6 **Où ?** Stellen Sie Fragen wie im Beispiel.

Exemple : Les livres sont sur l'étagère ? ➜ *Où sont les livres ?*

1 Elle habite avec Philippe et Nada. ➜ .... ?

2 Ils habitent à Marseille . ➜ .... ?

3 La ville se trouve en Allemagne. ➜ .... ?

4 Les chaises sont dans la cuisine. ➜ .... ?

5 L'ascenseur, c'est par là. ➜ .... ?

6 Elle va au cours de français. ➜........................ ?

INFO

Kleinanzeigen
Auch in Frankreich läuft der Wohnungsmarkt nicht mehr nur über **les petites annonces** – *die Kleinanzeigen*, sondern verlagert sich immer mehr ins Internet. So kommen auch Sie aus dem Ausland leicht an Angebote von möblierten Zimmern oder Wohnungen. Sogar Inserate von WGs finden Sie im Netz. Suchen Sie z. B. bei www.yahoo.fr unter dem Stichwort **Immobilier**.

À DEUX

7 **Votre appartement : Où sont les pièces ?** Zeichnen Sie den Grundriss Ihrer Wohnung oder einer Wohnung, die Sie gerne hätten. Beschreiben Sie dann Ihrem Partner / Ihrer Partnerin die Wohnung, die Anzahl und Lage der Zimmer usw., er/sie zeichnet den Grundriss Ihrer Wohnung. Vergleichen Sie dann die Zeichnungen.

TRANSFERT

8 **Façons de dire : Comprendre une petite annonce immobilière.** Sie haben eine Anzeige für eine Wohnung gesehen und sprechen jetzt mit dem Vermieter. Wie fragen Sie in dieser Situation auf Französisch, …

1 ob die Wohnung im Erdgeschoss ist? ....

2 ob die Wohnung hell und ruhig ist? ....

3 ob die Küche ein Fenster hat? ....

4 ob das Bad neben dem Schlafzimmer ist? ....

5 ob es ein altes Haus ist und ob die Nachbarn nett sind? ....

LEÇON 10 C'est par où ?

COMPRENDRE

1 Tu vas où ? Bringen Sie den Dialog in die richtige Reihenfolge.

a Bah... Je prends le métro.

b Au Rex. Il y a *Rendez-vous*, avec Juliette Binoche.

c Et tu y vas comment ?

d Bruno... Bruno... Tu vas où ?

e Ah bon ! J'y vais avec toi alors !

f Au cinéma.

g Et moi, je passe devant le Rex en voiture.

h Tu vas à quel cinéma ?

1	2	3	4	5	6	7	8
......	......	......	......	......	......	......	......

VOCABULAIRE

2 Indiquer la direction. Was ist hier dargestellt?

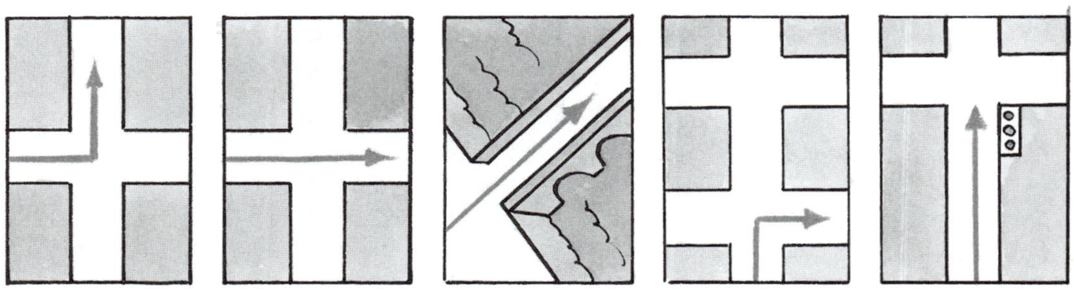

GRAMMAIRE

3 À l'impératif ou non ? Kreuzen Sie die Sätze an, die ein Verb im Imperativ enthalten.

❑ 1 Va à la poste.

❑ 2 Vous prenez la première à gauche.

❑ 3 Continuez tout droit et traversez le pont.

❑ 4 Entrez, s'il vous plaît.

❑ 5 Tu prends l'avenue en face de toi, c'est là.

❑ 6 Passe devant la gare et tourne à droite.

❑ 7 Prenez le bus, c'est loin.

❑ 8 Vous arrivez à Paris en train.

GRAMMAIRE

4 Vous y allez comment ? Bilden Sie Fragen und Antworten, wie im Beispiel vorgegeben.

Exemple : *vous – aller – institut de langues • rollers*

➜ *– Vous allez à l'institut de langues comment ? – J'y vais en rollers.*

1 vous – passer – poste • voiture

....

2 vous – aller – gare • pied

....

3 elle – arriver – Strasbourg • bus

....

4 ils – aller – musée • métro

....

GRAMMAIRE

5 **Les prépositions.** Ergänzen Sie die Präpositionen *à, de* und *en.* Achten Sie darauf, ob der Artikel ebenfalls ergänzt werden muss und ob er mit der Präposition verschmilzt.

1 – Pardon, monsieur, le musée .... Louvre, c'est où ? – Allez-y .... métro, c'est loin. Prenez le métro .... gare Montparnasse... ou bien vous prenez le bus numéro 95 et vous arrivez directement .... Louvre.

2 – Et pour aller .... jardin des Tuileries, s'il vous plaît ? – Vous êtes devant la pyramide .... Louvre. Le jardin des Tuileries est .... face.

3 – Et ensuite, je vais .... hôtel. C'est près .... l'Arc de triomphe. C'est par où ?
– Vous traversez le jardin des Tuileries, vous allez jusqu' .... place de la Concorde. Vous continuez tout droit, vous êtes sur les Champs-Élysées. Et vous arrivez .... l'Arc de triomphe.
– Merci beaucoup, monsieur !

INFO

Un Vélib, sinon rien
Vélib steht für ein zukunftsorientiertes und umweltfreundliches Fahrrad-Verleihsystem, das viele Städte mit großem Erfolg anbieten. Mit einem Abo in Paris (erster Tag: 1 €, erste Woche: 5 €, erstes Jahr: 29 €) kann man an einer der 1500 Stationen ein Fahrrad ausleihen oder zurückgeben. Die erste halbe Stunde ist kostenlos, die zweite kostet 2 € und jede weitere Stunde 4 €.

À DEUX

6 **Pour aller à... ?** Bringen Sie einen Stadtplan mit in den Unterricht und beschreiben Sie sich gegenseitig Wege in Ihrer Stadt. Legen Sie jeweils einen Ausgangspunkt fest und fragen Sie nach dem Weg zu einem bestimmten Ziel.

Exemple : A : *Pour aller à la gare, s'il vous plaît ?*

B : *Prenez la Bergstraße et continuez tout droit. À la banque, tournez à gauche...*

le café – *Café*
le cinéma – *Kino*
l'église *w* – *Kirche*
l'hôtel de ville *m* – *Rathaus*
le musée – *Museum*
le théâtre – *Theater*
le restaurant – *Restaurant*
le supermarché – *Supermarkt*

TRANSFERT

7 **Façons de dire : Demander et indiquer le chemin.** Sie fragen nach dem Weg und beschreiben jemandem den Weg. Was sagen Sie auf Französisch?

1 Sie fragen, wie Sie zur Post kommen.

....

2 Sie raten jemandem, die U-Bahn zu nehmen, um zum Bahnhof zu kommen, denn es ist weit.

....

3 Sie sagen, dass die Bank am Ende der Straße auf der linken Seite ist.

....

4 Sie fragen eine Kollegin, wie sie zur Arbeit *(au travail)* fährt.

....

5 Sie sagen, dass Sie mit dem Fahrrad oder mit dem Auto dorthin fahren.

....

LEÇON 11 Bon voyage !

VOCABULAIRE

1 **Mots en échelle.** Finden Sie die Wörter und vervollständigen Sie das Rätsel. Wie heißt das Lösungswort? Ein Tipp: Der Text im Lehrbuch auf S. 38 kann Ihnen bei der Lösung helfen.

1 Le premier jour vous arrivez à l' .... de Fort-de-France.

2 La Martinique est une ....

3 La ville de Fort-de-France est à l'.................... de l'île.

4 La .... a une terrasse.

5 On .... l'île en hélicoptère.

6 Allez dans notre .... à Saint-Pierre.

7 L'hôtel est au bord de la ....

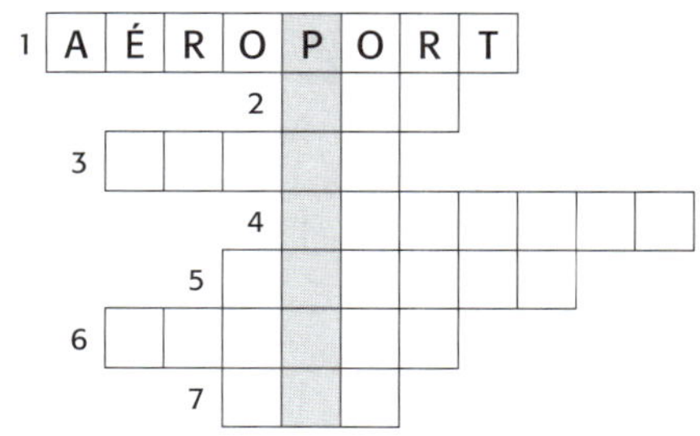

INFO

Martinique, die „Insel der Blumen"
Martinique zählt zur Gruppe der Kleinen Antillen inmitten der karibischen Inselgruppe. Die Überseeprovinz, französisches *département d'outre-mer* (DOM), bietet dem Besucher mit ihren 80 km Länge und 39 km Breite prächtige Landschaften und herrliche Strände. Die Ureinwohner, die Arawak-Indianer, nannten Martinique „Madininas", die Blumeninsel. Tropenblumen, Oleander, Hibiskus, Orchideen und andere Pflanzen gedeihen üppig. Die Bevölkerung spricht Kreolisch, eine Mischsprache auf der Grundlage des Französischen.

GRAMMAIRE

2 **Voyage.** Vervollständigen Sie den Text mit *à côté de, à l'ouest de, en* (3x), *à, au nord de, en face de.*

Premier jour : Vous arrivez .... avion et vous allez .... bus .... votre hôtel, *La Marina*. Cet hôtel est .... l'île, ... la plage. Vous avez une chambre avec une terrasse .... la mer. Vous visitez Sainte-Luce et vous allez à Saint-Pierre .... l'île .... bus.

GRAMMAIRE

3 ***On.*** Was bedeutet *on* in den Sätzen? Kreuzen Sie die richtige Antwort an.

	On = nous	*On = les gens*
1 On va bientôt en France.	❑	❑
2 Bon, alors, on va au restaurant ?	❑	❑
3 On parle français en Martinique.	❑	❑
4 Est-ce qu'on passe à l'agence ?	❑	❑
5 On a une chambre avec une terrasse.	❑	❑
6 Au Brésil, on danse la samba.	❑	❑

VOCABULAIRE

4 Les points cardinaux. Die Himmelsrichtungen: Wo liegen diese Städte in Frankreich? Falls Sie sich nicht sicher sind, können Sie auf der Frankreichkarte im Lehrbuch auf S. 144 nachsehen.

1 Marseille, c'est .... la France.

2 Lille, c'est .... la France.

3 Besançon, c'est .... la France.

4 Brest, c'est .... la France.

5 Bordeaux, c'est .... la France.

6 Metz, c'est .... la France.

> **au nord-ouest de**
> *nordwestlich von*
> *im Nordwesten von*
> **au sud-est de**
> *südöstlich von*
> *im Südosten von*

À DEUX

5 Quel hôtel pour quels voyageurs ? Lesen Sie die Anzeigen der drei Hotels und entscheiden Sie gemeinsam, welches Hotel für welche Reisenden am besten ist. Es gibt mehrere Möglichkeiten.

Reisende: Junges Paar (30, 32); Familie mit 2 Kindern (1, 6) und Großmutter; älteres Ehepaar (70)

Hôtel Paradis****
au bord de la mer
Chambres à un, deux ou trois lits (air conditionné)
Seulement pt déjeuner, restaurants près de l'hôtel
Bar, discothèque, salle de cinéma, salle de sport
Accès Internet
Excursions organisées, programme pour enfants, soirées folkloriques etc.

Hôtel bleu
Les chambres du 3e au 5e étage (ascenseur), avec balcon et vue sur la mer
Appartements à louer à 500 m de la plage
2 restaurants, piscine, mini-golf, bibliothèque
Parking privé

Hôtel « Les Vacances Tranquilles »
À 5 km du centre ville, bus devant l'hôtel
Grand jardin, bibliothèque, concerts, boutique de vêtements
Piscine, wellness
Pas de télévision dans les chambres

TRANSFERT

6 Façons de dire : Présenter un circuit. Freunde von Ihnen wollen nach Korsika fahren. Sie waren bereits dort und geben ihnen ein paar Tipps für die Rundreise. Was sagen Sie in dieser Situation auf Französisch?

1 Sie raten, zuerst *(d'abord)* nach Ajaccio zu fahren.

....

2 Sie sagen, dass Ajaccio im Südwesten von Korsika ist.

....

3 Sie raten, ein Hotel am Meer zu nehmen.

....

4 Sie raten, auch Bastia zu besuchen, denn das ist ein nette Stadt.

....

5 Sie schlagen auch vor, wegen der Bootsrundfahrten in ein Reisebüro zu gehen.

....

LEÇON 12 Marseille

COMPRENDRE

1 C'est où ? Lesen Sie die Dialoge und zeichnen Sie in den Plan ein, wo sich folgende Gebäude befinden:

❶ die Post,

❷ der Bahnhof,

❸ das Musée des Beaux Arts,

❹ die Tourismusinformation.

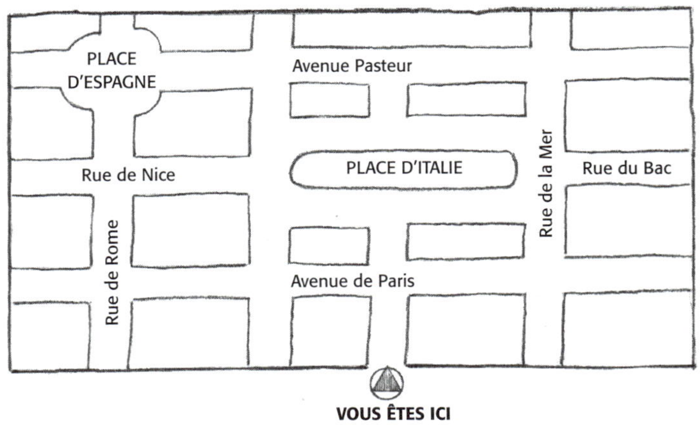

– La poste ? Ce n'est pas loin. Vous tournez à gauche là et vous continuez tout droit. C'est la première… non… la deuxième rue à gauche. Elle est au coin de l'avenue de Paris et de la rue de Rome.

– Tu y vas comment ? En voiture. Bon alors, prends la première rue à droite et ensuite tourne à gauche, rue de la Mer. Passe devant la place d'Italie, continue tout droit et prends la première à gauche. La gare est sur la droite, entre la rue de la Mer et la rue de Vienne.

– D'accord. Alors, je tourne à gauche, avenue de Paris, et ensuite je prends la deuxième à droite. J'arrive rue de Rome… là, je tourne à gauche, rue de Nice, et le musée est sur la droite dans cette rue. C'est bon ?

– L'office de tourisme ? Non, c'est à côté d'ici. Continuez tout droit et, là, vous arrivez place d'Italie. Traversez la place et allez à gauche. C'est au coin de la rue de Vienne et de la place d'Italie.

ÉCRIRE

2 Voyage en Corse : Écrire une carte postale à un/e ami/e. DELF
Sie sind auf Korsika und Sie schreiben eine Postkarte an eine/n Freund/in. Sagen Sie:

– wo Korsika liegt und wo Ihr Hotel sich auf Korsika befindet;

– wie das Hotel und Ihr Zimmer ist; wie Sie Korsika finden;

– was Sie besichtigen.

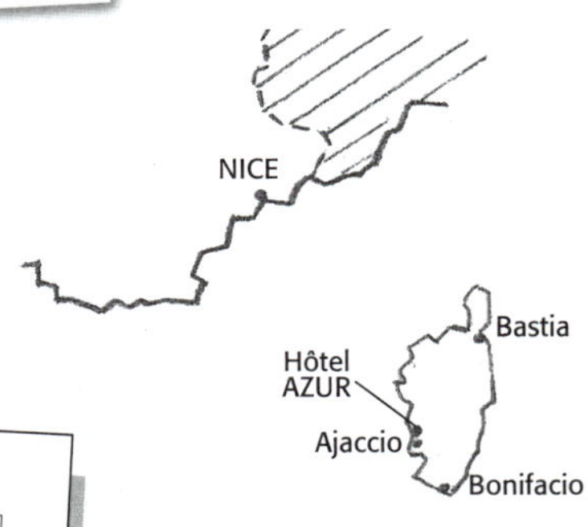

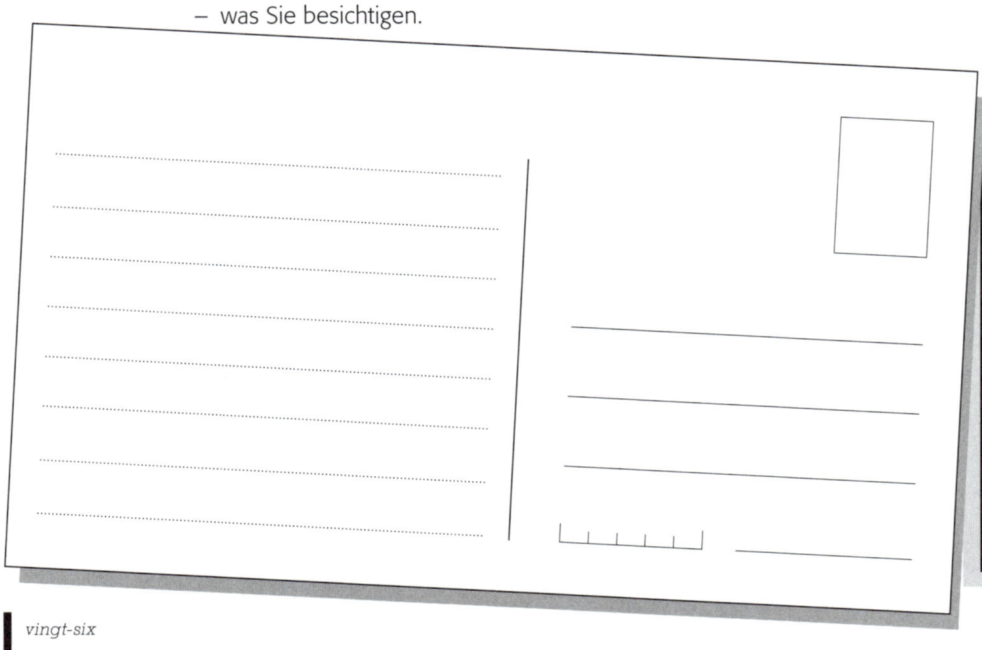

À DEUX

3 En Allemagne, en Autriche, en Suisse : C'est… ? Machen Sie ein kleines Quiz. Beschreiben Sie die geografische Lage, z. B. einer Stadt, eines Flusses, eines Berges, eines Sees usw. Ihr/e Partner/in muss den gesuchten Begriff erraten.

Exemple : *A :* *C'est une ville en Allemagne.*
B : *C'est Hambourg ?*
A : *Non. C'est au sud-ouest de l'Allemagne.*
B : *C'est Stuttgart !*

TRANSFERT

4 Façons de dire : À l'office du tourisme. Sie sind in der Touristeninformation und brauchen noch Infos für Ihr Besichtigungsprogramm. Was sagen Sie auf Französisch, welche Antworten bekommen Sie?

1 Sie fragen nach Broschüren für einen Stadtrundgang.

…………………………………………

2 Sie fragen, ob man das Rathaus besichtigen kann.

…………………………………………

3 Sie fragen, ob das Kunstmuseum weit von hier entfernt ist.

…………………………………………

4 Man rät Ihnen, zu Fuß dorthin zu gehen oder den Bus Nr. 14 zu nehmen.

…………………………………………

SYSTÉMATISER

S 1 Pêle-mêle.
Bilden Sie aus den angegebenen Elementen Sätze. Achten Sie auch auf die richtige Verbform, die Artikel und die Präpositionen.

1 la / le / poste / en face de / être / cinéma : …………………

2 qu'est-ce qu' / dans / y / il / le / avoir / musée : …………………

3 on / la / ville / en / ou / pied / à / visiter / bus : …………………

S 2 Les mots des leçons 9 –12. Bilden Sie Wortfelder: Notieren Sie alle Wörter der *Leçons*, die Ihnen einfallen, unter den passenden Oberbegriffen; die Wörter können verschiedenen Wortarten angehören. Natürlich können Sie die Wortreihen mit Wörtern aus anderen *Leçons* ergänzen.

Gebäude: *un musée,* …………………

Reise: *une agence de voyages,* …………………

Verkehrsmittel: *aller à moto,* …………………

Hotel: *une chambre,* …………………

Verben der Fortbewegung: *passer,* …………………

Wohnung: *un immeuble,* …………………

LERNTIPP

Wortschatz strukturieren
Wortigel und Wortnetze (Mind-Maps) zur inhaltlichen Verknüpfung von Wörtern kennen Sie ja schon. Diese Memorisierungshilfen funktionieren allerdings mit nur wenigen Items am besten (die ideale Anzahl liegt bei ca. 5 bis 9). Für eine größere Anzahl von Wörtern/Ausdrücken eignet sich die folgende Technik: Fassen Sie Wörter mit ähnlicher Bedeutung zu Wortgruppen zusammen und ordnen Sie sie den passenden Oberbegriffen zu.

LEÇON 13 Un aller simple

VOCABULAIRE

1 Les moyens de transport. Ordnen Sie zu: Wo hält das jeweilige Verkehrsmittel?

1 le train	a l'aéroport
2 le bus	b la station
3 le bateau	c la place
4 l'avion	d la gare
5 le taxi	e l'arrêt
6 le métro	f le port

2 Les jours de fête. Ordnen Sie französische und deutsche Bezeichnungen zu.

1 Lundi de Pâques	a Aschermittwoch
2 Mardi gras	b Pfingstsonntag
3 Mercredi des Cendres	c Ostermontag
4 Vendredi Saint	d Fastnacht
5 Dimanche de Pentecôte	e Karfreitag

VOCABULAIRE

Die Uhrzeit

Mit diesen Sätzen können Sie nach der Uhrzeit fragen oder eine Uhrzeit angeben:
Quelle heure est-il ? – *Wie viel Uhr ist es?* Il est… – *Es ist …*
À quelle heure… ? – *Um wie viel Uhr …?* À… – *Um …*

Beachten Sie: Wie im Deutschen gibt es zwei Arten, die Uhrzeit anzugeben: eine umgangssprachliche Uhrzeit und eine offizielle Uhrzeit, wie sie z. B. im Radio und Fernsehen oder auf Bahnhöfen verwendet wird.

	Umgangssprache	**Offizielle Uhrzeit**
04:05	quatre heures cinq	quatre heures cinq
06:10	six heures dix	six heures dix
08:15	huit heures **et quart**	huit heures quinze
10:25	dix heures vingt-cinq	dix heures vingt-cinq
11:30	onze heures **et demie**	onze heures trente
13:40	deux heures **moins vingt**	treize heures quarante
16:45	cinq heures **moins le quart**	seize heures quarante-cinq
18:55	sept heures **moins cinq**	dix-huit heures cinquante cinq
12:00	**midi**	douze heures
24:00	**minuit**	vingt-quatre heures / zéro heure

3 ***Quoi* et *quand* : les jours de la semaine.** Setzen Sie die Wochentage ein. Die Zeitadverbien *heute, morgen, übermorgen* helfen Ihnen dabei.

1 Aujourd'hui *lundi*, je travaille.

2 Demain ...., je reste à la maison.

3 Après-demain ...., je pars à Munich.

4 Je travaille à Munich mercredi, ... et ....

5 ...., je visite le centre-ville.

6 Je prends l'avion de Munich ....

COMPRENDRE

4 **À quelle heure ?** Ordnen Sie jedem Dialog die passende Uhr zu.

.... 1 – Son avion arrive à quelle heure ? – À huit heures moins le quart.

.... 2 – Pour Calais, il y a un train à seize heures vingt et un autre à vingt heures dix-sept.
– Seize heures vingt, c'est parfait.

.... 3 – Quand passe le prochain bus ? – Euh… À midi moins vingt-cinq.

.... 4 – On va au cinéma à quatre heures et demie ?
– Non, à quatre heures et demie, je vais chez le dentiste.

.... 5 – Le cours de français est à quelle heure ? – À huit heures et quart.

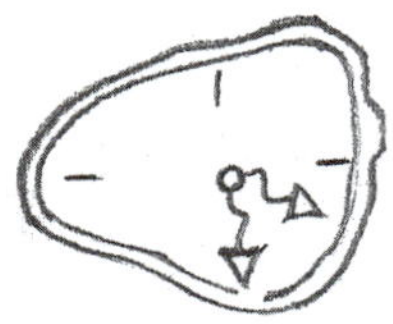
a

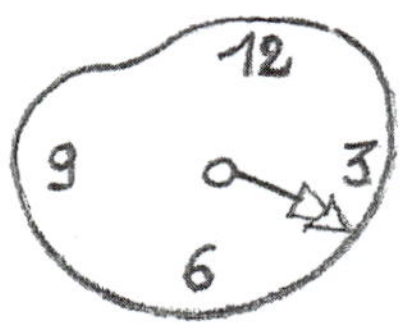

b

c

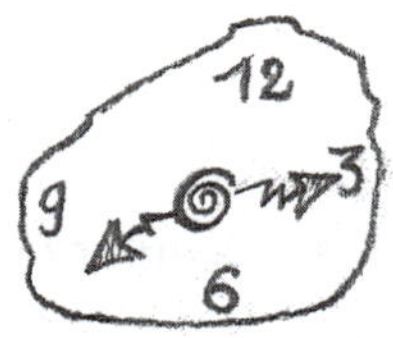

d

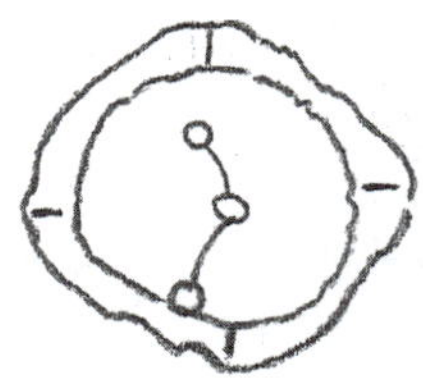
e

GRAMMAIRE

5 **Conjugaisons.** Ergänzen Sie die Verben *partir* und *prendre* im Präsens.

1 – Tu .... quand ? – Je .... l'avion cet après-midi.

2 – Vous .... le train à quelle heure ? – Nous ....
à deux heures et demie.

3 – Elles .... ce matin ? – Oui, elles .... leur bus
à dix heures moins le quart.

4 – Julien .... comment ? – Il .... un taxi.

5 – Vous .... à Paris en train ? – Non, nous .... la voiture.

GRAMMAIRE

6 **Questions-réponses.** Ordnen Sie zu.

1 Quelle heure est-il ?

2 Le train arrive à quelle heure ?

3 Le train de 7 h 23, il est complet ?

4 Vous partez quand ?

a Mardi prochain, le 5

b Il est cinq heures dix.

c Non, il y a encore de la place.

d À dix heures et quart.

PHONÉTIQUE

7 **Quelle est la liaison ?** Markieren Sie die *liaison* in den Sätzen, wie im Beispiel vorgegeben.

Exemple : Son‿avion est‿à vingt‿heures.

1 Il est dix heures en Italie.
2 Il y a un avion à sept heures.
3 Ils ont un train à dix heures.
4 Ils ont trois amis chez eux.
5 Vous avez deux avions pour Barcelone ce soir.

À DEUX

8 **À la gare SNCF à Paris.** Erfragen Sie gegenseitig wichtige Informationen für Ihre Zugfahrt.

Exemple :

A: Le train pour Brest part quand ?
B: Il part à 9 h 05.

A	pour Dijon	pour Brest ?
départ du train	7 h 44	
voie	5	
aller simple	€ 55	
arrivée	9 h 21	

B	pour Brest	pour Dijon ?
départ du train	9 h 05	
voie	3	
aller simple	€ 81	
arrivée	13 h 15	

INFO

Bahnfahren
Beim Bahnfahren in Frankreich sollten Sie vor allem eines beachten: Bevor Sie in den Zug steigen, müssen Sie Ihre Fahrkarte entwerten **(composter le billet)**. Dazu stecken Sie die Fahrkarte in einen der orangefarbenen Automaten am Zugang zu den Bahnsteigen. Wenn Sie das vergessen, kann es teuer werden …

TRANSFERT

9 **Façons de dire : Donner l'heure et la date.** Was sagen Sie in dieser Situation auf Französisch?

1 Sie fragen nach der Uhrzeit.

....

2 Sie sagen, dass es Viertel nach eins ist.

....

3 Sie sagen, dass heute Donnerstag, der 19., ist.

....

4 Sie fragen, wann der Zug nach Brest abfährt.

....

5 Sie möchten am nächsten Samstagnachmittag fahren.

....

6 Sie sagen, dass das der 21. ist.

....

LEÇON 14 À Londres

COMPRENDRE

1 **Rendez-vous.** Bringen Sie den Dialog in die richtige Reihenfolge.

a 16 h 20… D'accord. Vous êtes monsieur… ?

b Et cet après-midi ?

c C'est bon. Rendez-vous cet après-midi à 16 h 20. Au revoir, monsieur Delmas.

d Ah, je suis désolée, monsieur, mais ce matin, tout est complet.

e Cabinet des Trois Îles, bonjour.

f À 16 h 20, c'est parfait.

g Delmas. Émile Delmas.

h Alors… Oui, c'est possible à 16 h 20 ou à 18 h.

i Oui, bonjour madame. Je voudrais un rendez-vous ce matin avec le docteur Simonet, c'est possible ?

1	2	3	4	5	6	7	8	9
………	………	………	………	………	………	………	………	………

VOCABULAIRE

2 **Mots croisés.** Finden Sie die Wörter und vervollständigen Sie das Rätsel.

– Et alors, qu'est-ce que tu fais maintenant ?

– Je ………………………………………… (1) dans un bar.

– Ah oui !

– Oh, ………………………………………… (6) trois jours par ………………………………………… (2).

– C'est bien !

– Oui, mais je rentre très ………………………………………… (5) le soir, chez moi. Et toi, qu'est-ce que tu fais ?

– Eh bien, ce soir, ma femme et moi, nous partons en ………………………………………… (4) à la Réunion. Sophie a une ………………………………………… (3) avec son directeur à 17 h 30… et nous prenons l'avion à 20 heures !

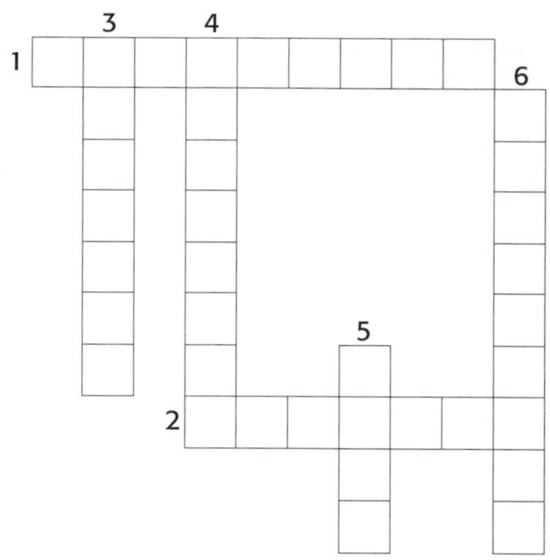

GRAMMAIRE

3 **Conjugaisons.** Unterstreichen Sie die richtige Antwort in den Klammern.

1 Qu'est-ce que vous (faisons – faites) dans la vie ?

2 Je (travaille – travailles) à Paris mais, avec Anne, nous (habitent – habitons) à Chartres.

3 Bon, alors, qu'est-ce qu'on (fait – faisons) ? On (rentrons – rentre) maintenant ?

4 Et tu (commencez – commences) à quelle heure le matin ?

5 Oui, ils (partent – partons) tous les matins à 6 heures et ils (rentre – rentrent) tous les soirs vers 21 heures.

6 Eh oui, ils (faisons – font) du cinéma maintenant. Et lui, il (joue – joues) aussi dans un groupe de rock.

GRAMMAIRE

4 *Est-ce que… ?* Finden Sie die passende Frage. Benutzen Sie *est-ce que*.

Exemple : *Ils partent en Italie.* ➜ *Où est-ce qu'ils partent ?*

1 – ....

– Ils arrivent à quatre heures.

2 – ....

– Je vais à Paris.

3 – ....

– Le samedi et le dimanche ? Nous travaillons.

4 – ....

– Elle part en train.

GRAMMAIRE

5 **Une semaine de travail.** Ergänzen Sie.

Lui, il travaille tous .... jours, du lundi au vendredi. Il part tôt .... matin, ... 6 heures 30, et il rentre tard .... soir. Elle, elle travaille .... lundi .... jeudi, quatre jours .... semaine. .... reste de la semaine, elle est chez elle.

Et vous ?

PHONÉTIQUE

6 [ɑ̃], [ɔ̃] ou [ɛ̃] ? Vervollständigen Sie die Tabelle. Tragen Sie die Wörter mit Nasal(en) in die passende Spalte ein.

1 Non, il est informaticien et elle est dentiste.

2 Il est dans sa chambre.

3 Quel est son nom ?

4 Il a une réunion à cinq heures vingt.

5 Quand est-ce que tu commences ?

6 Qu'est-ce qu'ils font vendredi prochain ?

7 Ils y vont en train.

[ɑ̃]	[ɔ̃]	[ɛ̃]
dentiste	n***on***	***in***formaticien
....	....	....
....	....	....
....	....	....
....	....	....
....	....	....
....	....	....

VOCABULAIRE

7 **Des professions.** Ordnen Sie jedem Beruf eine passende Beschreibung zu. Nicht alle Berufe bzw. Wörter in den Beschreibungen sind Ihnen bekannt, aber Sie können bestimmt alles erschließen.

1 Un réceptionniste	a travaille à l'opéra.
2 Une journaliste	b travaille dans un restaurant.
3 Un boulanger	c travaille pour un journal.
4 Un serveur	d travaille avec des ordinateurs.
5 Un médecin	e fait des tableaux.
6 Une informaticienne	f travaille dans un hôpital.
7 Un peintre	g travaille dans un hôtel.
8 Une danseuse	h fait du pain, des baguettes et des croissants.

À DEUX

8 **Qu'est-ce que vous faites dans la vie ?** Interviewen Sie sich gegenseitig. Fragen Sie Ihren Partner / Ihre Partnerin nach seinem/ihrem Beruf und Arbeitsort, wann er/sie mit der Arbeit beginnt und aufhört usw., und notieren Sie die Antworten. Stellen Sie dann Ihren Partner / Ihre Partnerin im Kurs vor. Sie können natürlich auch über Ihren Traumberuf sprechen.

INFO

Abkürzungen rund um die Arbeit
Arbeitssuchende wenden sich an die **ANPE** (l'Agence nationale pour l'emploi) – *Arbeitsamt.* Für ihre Bewerbung brauchen sie einen **CV** (un curriculum vitae) – *Lebenslauf.* Damit hoffen sie auf eine Anstellung mit **CDI** (un contrat à durée indéterminée) – *unbefristeter Vertrag* … und möglicherweise den Aufstieg zum **PDG** (le président-directeur général) – *Generaldirektor.* Wenn es nicht so gut läuft, erhalten sie vielleicht nur den **SMIC** (le salaire minimum interprofessionnel de croissance) – *gesetzlicher Mindestlohn.*

TRANSFERT

9 **Façons de dire : Demander des informations.** Sie interessieren sich für das Berufsleben eines Bekannten. Was fragen Sie auf Französisch? Bilden Sie die Fragen mit *est-ce que.*

1 Welchen Beruf üben Sie aus?

....

2 Wo arbeiten Sie?

....

3 Wie fahren Sie zur Arbeit?

....

4 Um wie viel Uhr gehen Sie morgens aus dem Haus?

....

5 Wann kommen Sie abends nach Hause?

....

LEÇON 15 Le dimanche matin

VOCABULAIRE **1** **Quel sport ?** Sehen Sie sich die Zeichnungen an und ergänzen Sie dann die Sportarten im Rätsel.

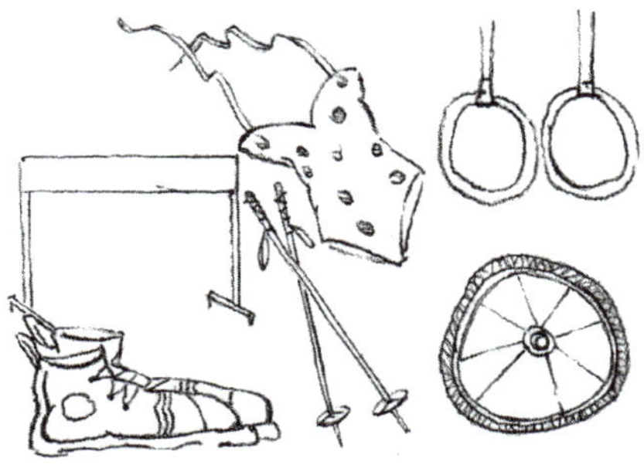

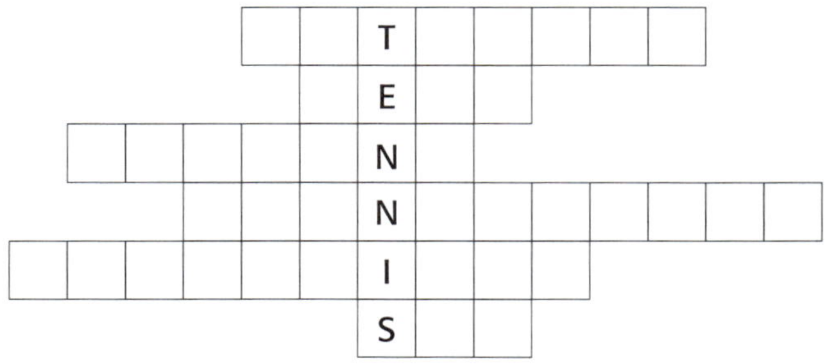

GRAMMAIRE **2** **Qu'est-ce que vous faites ?** Vervollständigen Sie die Sätze mit den richtigen Formen der Verben *lire* und *écrire*.

1 – Vous .... souvent à vos amis ?
– Non, je n'.. pas. Je téléphone.

2 – Est-ce que vous .... beaucoup ? Des livres ? Des journaux ?
– Je .... quinze à vingt livres par an.

3 – Qu'est-ce que vous faites ?
– Les enfants .... une lettre à Marina. Et nous, nous .... le journal.

COMPRENDRE **3** **Et eux, qu'est-ce qu'ils font ?**

1 Wie gehen die Sätze weiter? Finden Sie zu jedem Satzanfang das passende Ende.

Qu'est-ce que vous faites à huit heures du matin, du lundi au vendredi ?

a Je me lève, je prends mon petit déjeuner et je lis le journal ;
b À huit heures ? Ma femme est dans la salle de bains
c Euh… Ah oui, je prépare les enfants
d Moi, je rentre tous les jours à six heures du matin ;
e Mon ami et moi, nous déjeunons vers huit heures, huit heures et demie ;

1 et, après, ils vont à l'école avec mon mari.
2 alors, à huit heures, je dors.
3 je commence à travailler seulement à dix heures du matin.
4 ensuite, je fais le ménage et, lui, il va au marché.
5 et moi, je prépare le petit déjeuner.

a	b	c	d	e
....	....	....	....	....

2 Und Sie? Was machen Sie montags bis freitags um 8 Uhr morgens?

....

....

....

....

GRAMMAIRE

4 **Verbes pronominaux.** Ergänzen Sie *me/m'*, *te* oder *se*.

1 Il .... lève tôt le dimanche, sa femme .... lève tard.

2 Tu .... reposes l'après-midi ?

3 Le matin, je .... lave, je .... habille et puis je prends mon petit déjeuner.

4 L'après-midi, il .... repose de deux à trois heures.

5 Et toi, tu .... lèves à quelle heure le dimanche ?

GRAMMAIRE

Tageszeiten
Beachten Sie den Unterschied:
le matin – *jeden Morgen, morgens;* **ce matin** – *heute Morgen;*
le soir – *jeden Abend, abends;* **ce soir** – *heute Abend.*
Ebenso:
le lundi (matin) – *jeden Montag(morgen);*
du lundi au vendredi – *(jede Woche) von Montag bis Freitag.*

5 ***Dimanche* ou *le dimanche* ?** Unterstreichen Sie die richtige Antwort in den Klammern.

1 Je vais souvent à la piscine (vendredi – le vendredi).
2 Son avion arrive (mardi – le mardi), à quinze heures dix.
3 En général, je vais au marché (samedi – le samedi).
4 Tous les samedis soir, je vais en boîte et, (dimanche – le dimanche), je me lève à midi.

GRAMMAIRE

6 **Questions-réponses.** Bilden Sie passende Fragen in der Du-Form und mit *est-ce que*, wie im Beispiel vorgegeben.

Exemple : *Le dimanche, je me lève à dix ou onze heures.*
➜ À quelle heure est-ce que tu te lèves le dimanche ?

1 – ....

– Non, je prends mon petit déjeuner d'abord et, après, je me lave.

2 – ....

– Oui, le dimanche après-midi, je me repose.

3 – ....

– La semaine, vers six heures et demie.

4 – ....

– Le tennis, le lundi soir. Et la natation, le samedi matin.

VOCABULAIRE

7 **C'est possible ?** Markieren Sie die passenden Verbindungen. Es gibt zu jedem Verb mehrere Möglichkeiten.

C'est possible de…

a de la musique	• 1 faire •	f au foot
b aux cartes	• 2 écouter •	g le ménage
c un livre ←	• 3 écrire •	h une randonnée
d un footing	• 4 lire •	i une carte postale
e du sport	• 5 jouer •	j les courses

GRAMMAIRE

Hobbys mit *faire* und *jouer*

faire (de) (+ Sport, Beschäftigung)	**jouer de** (+ Musikinstrument)
faire : faire **du** ski	jouer de : jouer **du** piano
faire : faire **de la** musique	**jouer à** (+ Spiel/Sport)
	jouer à : jouer **au** tennis

Beachten Sie: Die Präpositionen **à** und **de** verschmelzen mit **le: à + le = au, de + le = du.**

8 Le week-end des Bettini. Eine ganz normale Familie … Ergänzen Sie die Artikel und Präpositionen, wo nötig. Beachten Sie die Verschmelzung von *à* und *de* mit dem bestimmten Artikel.

Le samedi matin, mon mari fait .... ménage et, moi, je fais .... courses. L'après-midi, il joue .... foot. Moi, je fais .... athlétisme avec une amie. Le soir, nous allons souvent .... cinéma. Le dimanche matin, nous dormons jusqu'.............................. neuf ou dix heures, ensuite nous prenons .... petit déjeuner. Après, nous lisons .... livres ou nous allons .... campagne. Mais aujourd'hui (*heute*), mon mari prépare .... déjeuner, nos enfants arrivent .... une heure !

INFO

Sport in Frankreich

Mehr als zwei Drittel der Franzosen treiben regelmäßig Sport. Durch das angenehme Klima und die geografischen Gegebenheiten sind die verschiedensten Sportarten möglich, von Kajak und Segeln bis Skifahren und Snowboard. Die beliebtesten Disziplinen sind Fußball und Rugby, Tennis, Radfahren und Schwimmen.

À DEUX

9 Vos loisirs. Übernehmen Sie die Rolle von Mme Pertat oder von M. Kahn und erfragen Sie gegenseitig, was Sie in Ihrer Freizeit machen und was nicht. Gibt es Gemeinsamkeiten? Achten Sie darauf, welches Verb Sie für die Frage verwenden, manchmal gibt es mehrere Möglichkeiten.

Exemple : *Mme Pertat :* *Est-ce que vous faites de la natation ?*
M. Kahn : *Non, je ne fais pas de natation.*

Mme Pertat	moi	M. Kahn
natation	☺	
livres	☺	
boîte	☹	
musique	☺	
vélo	☺	
cinéma	☹	

M. Kahn	Mme Pertat	moi
natation		☹
livres		☺
boîte		☹
musique		☺
vélo		☺
cinéma		☺

TRANSFERT

10 Façons de dire : Parler d'activités. Sie sprechen über Aktivitäten. Was sagen Sie auf Französisch?

1 Sie fragen eine/n Bekannte/n, was er/sie normalerweise am Wochenende macht.

....

2 Sie fragen ihn/sie, was er/sie an diesem Wochenende macht.

....

3 Sie fragen, welchen Sport er/sie treibt.

....

4 Sie fragen, ob Sie am Samstagnachmittag Tennis spielen.

....

LEÇON 16 Une journée avec Laure Manaudou

COMPRENDRE

1 **La journée d'Alexandre.** Der Tag von Alexander ist ziemlich durcheinander. Bringen Sie ihn wieder in die richtige Reihenfolge.

a À midi, il déjeune dans un restaurant ou dans un café.

b Il se repose un peu, lit le journal, regarde la télé et téléphone à des amis.

c Alexandre est informaticien : il habite à Lille mais il travaille à Bruxelles.

d À six heures moins le quart, il prend son train et arrive chez lui vers sept heures et quart, sept heures et demie.

e Il arrive à Bruxelles à huit heures et demie et commence à travailler à neuf heures moins le quart : son bureau est à côté de la gare.

f Et il s'endort vers onze heures.

g Il fait d'abord sa toilette.

h Après, il part à la gare et, du lundi au vendredi, il prend le train de sept heures dix-huit.

i Et ensuite, il travaille de deux heures à cinq heures et demie.

j Alors, le matin, il se lève très tôt, à six heures.

k Ensuite, il prend son petit déjeuner.

1	2	3	4	5	6	7	8	9	10	11
....	....	....	....	....	....	....	....	....	....	....

COMPRENDRE

2 **L'agenda de Yolaine.** Lesen Sie die Seite aus Yolaine Hamons Terminkalender und beantworten Sie die Fragen.

1 Quand est-ce que Yolaine va au cinéma ? Comment s'appelle le film ?

....

2 Est-ce qu'elle fait du sport le mercredi ou le jeudi ? À quelle heure ?

....

3 Quand est-ce qu'elle va au restaurant cette semaine ? Comment s'appelle le restaurant ?

....

4 Où est-ce qu'elle a rendez-vous jeudi après-midi ?

....

5 Quand est-ce qu'elle a rendez-vous avec le professeur de sa fille ?

....

6 Est-ce qu'elle travaille vendredi matin ?

....

7 Où est-ce qu'elle va le week-end prochain ? Comment est-ce qu'elle y va ?

....

Mercredi

12 h 30	Déjeuner avec Vincent au Petit Paris.
18 h	Rendez-vous avec le prof de Magali.
19 h 15	Cours de gym.

Jeudi

16 h 20	Rendez-vous chez le dentiste.
20 h	« Huit femmes » au Rex (avec Élisa et Babette).

Vendredi

9 h 30	Réunion avec les directeurs.
18 h	TGV pour La Baule (18 h 07).

ÉCRIRE

3 **Des nouvelles de Markus.** Lesen Sie die verschiedenen Dokumente und antworten Sie auf die E-Mail von Markus. **DELF**

De : mburrichter@tooyoo.com
À : vbonnot@institutdelangues.com
Objet : demande d'informations

Madame,

J'arrive à La Rochelle en train, lundi prochain, à 8 h 20. Est-ce qu'il y a un bus entre l'institut de langues et la gare ? À quelle heure ? Et quel est le numéro du bus ? Quels sont aussi, s'il vous plaît, les horaires des cours dans votre école ?

Je fais de la natation tous les jours. Est-ce qu'il y a une piscine à La Rochelle ? Et quels sont les horaires ?

Merci beaucoup. Meilleures salutations.

Markus Burrichter

ligne 10 Horaires de bus
place de Verdun → Les Minimes

Place de Verdun	Gare	Université	Plage des Minimes
07:05	07:09	07:15	07:19
07:20	07:24	07:30	07:34
07:35	07:39	07:46	07:51
07:45	07:49	07:56	08:01
07:58	08:02	08:09	08:14
08:20	08:25	08:30	08:34
08:35	08:40	08:45	08:49
08:45	08:50	08:56	09:00
09:05	09:10	09:16	09:20

INSTITUT DE LANGUES
Cours de français
Du lundi au vendredi
(9-12 h/14-16 h)
35, av. M. Crépeau – 17 000 La Rochelle
(à côté de l'université)

ESPACE GYM
Club de sport
(à côté de la plage des Minimes)
musculation, gymnastique, piscine, tennis
7 jours sur 7
10 h – 21 h

De : vbonnot@institutdelangues.com
À : mburrichter@tooyoo.com
Objet : réponse à votre demande d'informations

....

....

....

....

....

....

....

....

....

À DEUX

4 L'emploi du temps habituel. Ratespiel: Beschreiben Sie einen in einem bestimmten Beruf üblichen Tagesablauf (z. B. Arbeitszeiten, Arbeitsort, typische Tätigkeiten usw.), Ihr Partner / Ihre Partnerin muss den gesuchten Beruf erraten.

Exemple : *A : Il commence le travail très tôt, à deux heures. Il travaille aussi le dimanche.*
B : C'est le boulanger !

TRANSFERT

5 Façons de dire : Présenter son emploi du temps. Stellen Sie sich vor. Erzählen Sie, was Sie beruflich und in Ihrer Freizeit machen, und schildern Sie, wie eine typische Woche bei Ihnen aussieht.

....

....

....

....

....

SYSTÉMATISER

S1 Grammaire : Conjugaisons.
Ergänzen Sie die richtigen Verbformen.

	écrire	faire	lire	prendre	partir	se laver
je/j'	écris	fais				
tu			lis	prends	pars	
il / elle		fait			part	
nous			lisons	prenons		nous lavons
vous	écrivez	faites		prenez	partez	vous lavez
ils / elles	écrivent		lisent			se lavent

S2 Vocabulaire : Laure Manaudou. Beantworten Sie die Fragen zu Laure Manaudou. Die Wörter in dem Kurztext sind überwiegend neu für Sie, aber das wird Ihnen keine Schwierigkeiten machen.

1 Wo wurde Laure Manaudou geboren?

2 Wann begann sie zu schwimmen?

3 Wie viele km schwimmt sie am Tag?

4 Bei welchem Wettbewerb gewann sie 7 Medaillen?

Laure Manaudou
Née le 9 octobre 1986 à Villeurbanne.
Elle apprend à nager à l'âge de 5 ans.
Elle nage 15 kilomètres par jour.
Elle gagne 7 médailles aux championnats d'Europe en 2006.

LERNTIPP

Neue, unbekannte Wörter erschließen
Wenn Sie ein Wort noch nicht bewusst gelernt haben, heißt das nicht, dass Sie es nicht verstehen. Überlegen Sie, ob es ein ähnlich klingendes oder geschriebenes Wort in Ihrer Muttersprache oder in einer Ihnen bekannten Fremdsprache gibt. Viele Wörter sind „international", wie z. B. **restaurant**, **journaliste**, **musée**, **hôtel** usw. Oft können Sie auch selbst neue Wörter aus Bekanntem ableiten, z. B. **le départ** – *die Abfahrt* von **partir** – *wegfahren, verreisen*. Und hängen Sie bloß nicht am Einzelwort: Im Satz- oder Textzusammenhang müssen Sie nicht jedes Wort verstehen!

LEÇON 17 On fait des crêpes ?

GRAMMAIRE

1 Habitudes alimentaires. Ergänzen Sie die Verben *boire* und *manger* im Präsens.

1 – Est-ce que vous .... du vin à table ?
– Non, nous .... seulement de l'eau.

2 – Tu ne .... pas de viande ? – Non, mais je .... du poisson.

3 – Qu'est-ce qu'elle .... ? – Du Coca.

4 – Vous .... avec nous ce soir ?
– Non, ce n'est pas possible. Nous .... au restaurant avec ma mère.

5 – Ils .... et ils .... beaucoup, non ? – Oh oui !

VOCABULAIRE

2 L'intrus. Finden Sie das Wort, das inhaltlich nicht in die Reihe passt.

1	❑ bouteille	❑ boire	❑ verre	❑ manger
2	❑ salade	❑ viande	❑ légumes	❑ pommes de terre
3	❑ déjeuner	❑ acheter	❑ petit déjeuner	❑ dîner
4	❑ vin	❑ café	❑ thé	❑ lait
5	❑ sucre	❑ confiture	❑ gâteau	❑ fromage
6	❑ viande	❑ eau minérale	❑ poisson	❑ légumes

GRAMMAIRE

3 Quiz.

1 Ergänzen Sie den Teilungsartikel *du, de la, de l'* oder *des* und beantworten Sie die Fragen.

POUR LE PETIT DÉJEUNER

Qu'est-ce que vous buvez ?

❑ .... café
❑ .... thé
❑ .... lait
❑ autres : …

Qu'est-ce que vous mangez ?

❑ .... pain
❑ .... confiture
❑ .... beurre
❑ .... gâteau
❑ .... fruits
❑ .... œufs
❑ .... viande
❑ .... poisson
❑ .... riz
❑ autres : …

POUR LE DÉJEUNER OU LE DÎNER

Qu'est-ce que vous buvez ?

❑ .... eau
❑ .... vin
❑ .... Coca
❑ autres : …

Qu'est-ce que vous mangez ?

❑ .... légumes
❑ .... poisson
❑ .... viande
❑ .... pain
❑ .... riz
❑ .... œufs
❑ .... salade
❑ autres : …

2 Bilden Sie Sätze, wie im Beispiel vorgegeben.

Exemple : Pour le petit déjeuner, je ne bois pas de café mais du thé.

a ....

b ....

c ....

GRAMMAIRE

Mengenangaben
Nach Mengenangaben steht immer ein einfaches **de** (ohne den bestimmten Artikel). Vor Wörtern, die mit Vokal oder stummem h beginnen, wird **de** zu **d'**.
cent grammes de fromage – *100 Gramm Käse*
une bouteille d'eau – *eine Flasche Wasser*
un kilo de pommes de terre – *ein Kilo Kartoffeln*

4 **On fait des crêpes ?** Ergänzen Sie im Rezept die richtigen Mengenangaben bzw. den Teilungsartikel.

250 .... de farine
1/2 .... de lait
3 œufs
30 .... de beurre
.... sel (Salz)
.... confiture ou .... fromage

INFO

***La Chandeleur* : Lichtmess und Pfannkuchen**
Am 2. Februar feiert man in Frankreich *la Chandeleur*, ein katholisches Fest. Früher brachte man Kerzen in die Kirche. Heute ist es üblich, an diesem Tag Crêpes zu essen. Natürlich werden die Crêpes zum Umwenden mit der Pfanne in die Luft geworfen, und das muss man mit einer Hand schaffen, während man in der anderen eine Münze hält. Wenn es klappt, ist einem Reichtum für das ganze Jahr sicher.

GRAMMAIRE

5 **Des habitudes saines ?** Ergänzen Sie den Teilungsartikel oder *de* bzw. *d'*. Wer lebt Ihrer Meinung nach gesünder? Wer lebt besser?

1 Le matin, M. Leroux ne prend pas .... pain. Il mange .... yaourt avec .... fruits et il boit deux tasses .... thé. À midi, il prend .... légumes ou .... salade et .... eau minérale. Le soir, il fait la cuisine, par exemple .... poisson avec .... pommes de terre ou .... riz. Il ne mange pas .... viande. Et il ne boit pas .... alcool.

2 Mme Latour prend au petit déjeuner .... chocolat chaud et deux croissants avec .... confiture. Plus tard au bureau, elle boit deux tasses .... café. À la cantine, elle prend souvent un steak-frites (c'est .... viande avec .... pommes de terre) et elle boit une bouteille .... coca. L'après-midi, elle adore manger .... gâteau. Et le soir, elle invite parfois des amis ou va au restaurant avec eux.

COMPRENDRE

6 **Questions-réponses.** Welche Antwort passt zu welcher Frage? Verbinden Sie.

1 Qu'est-ce que j'achète pour le déjeuner ?

2 Qu'est-ce que vous prenez pour le petit déjeuner ?

3 Vous buvez du vin à table, le soir ?

4 Il y a du vin pour le repas ?

5 On achète combien de kilos de sucre ?

1	2	3	4	5
....	....	....	....	....

a Oh non ! Achète une ou deux bouteilles.

b En général, je bois un café et je mange du pain avec de la confiture.

c Prenez cinq cents grammes seulement.

d Non, je prends de l'eau ou du Coca. C'est tout.

e Il faut du pain, de la salade et des œufs.

PHONÉTIQUE

7 [ø] ou [œ] ? Kreisen Sie den Laut [ø] ein und unterstreichen Sie den Laut [œ].

Exemple : Quelle couleur ? Bleu.

1 Je voudrais des œufs et un peu de thé, s'il vous plaît.

2 Jeudi, elle déjeune avec eux.

3 Il faut un œuf seulement.

4 Et deux cents grammes de beurre… Trois euros, monsieur, s'il vous plaît.

À DEUX

8 **Quel mot ?** Wörter gemeinsam lernen macht mehr Spaß. Partner/in A denkt an ein Wort, Partner/in B muss das Wort herausfinden, indem er/sie die Buchstaben erfragt. Damit es nicht zu schwer wird, sollten Sie vorher gemeinsam den Bereich festlegen, aus dem das Wort stammt, z. B. Nahrungsmittel.

Exemple : *B : Il y a combien de lettres ?* *A : Six.*
B : Il y a un e dans ce mot ? *A : Non.*
B : Il commence par un p ? *A : Oui.*
B : C'est «poisson»? *A : Oui !!!*

TRANSFERT

9 **Façons de dire : Parler des repas et des boissons (habitudes, quantités, besoins).** Sie haben Besuch und sprechen mit ihm über seine Frühstücksgewohnheiten und das, was Sie für den Abend brauchen. Wie heißt das auf Französisch?

1 Sie fragen ihren Besuch, ob er Tee oder Kaffee zum Frühstück nimmt.

....

2 Sie fragen ihn, was er morgens isst.

....

3 Er sagt, er isst Brot mit Butter und Marmelade und trinkt ein Glas Milch.

....

4 Sie fragen, was sie für diesen Abend brauchen (Sie wollen zusammen kochen).

....

5 Er sagt, dass Sie ein Kilo Fisch kaufen sollen, er kauft Gemüse, Wein und Käse.

....

LEÇON 18 Il est comment ?

GRAMMAIRE

1 Présent ou passé ? Lesen Sie die Sätze und kreuzen Sie an, ob sie im Präsens oder im Perfekt stehen.

	Présent	Passé
1 J'ai fait les courses, ce matin.	❑	❑
2 Vous avez passé une bonne journée ?	❑	❑
3 Il fait un gâteau pour son anniversaire ?	❑	❑
4 Vous buvez un café ou un thé ?	❑	❑
5 Non, ils ont pris le bus.	❑	❑
6 Tu as déjeuné avec elle ce midi ?	❑	❑

COMPRENDRE

2 Un après-midi à Paris. Bringen Sie den Dialog in die richtige Reihenfolge.

a Elle est excellente ! On a très bien mangé !

b J'ai pris le métro et j'ai fait des courses à la Madeleine.

c Eh bien, d'abord, j'ai déjeuné avec Hervé et Luis au restaurant japonais, à côté de la fac.

d Ah oui ! Et la cuisine est comment ?

e Chez elle ?

f J'ai acheté des verres chez Habitat : ils sont très beaux ! Et ensuite, j'ai pris un verre avec Lucie.

g Et après, qu'est-ce que tu as fait ?

h Non, nous avons bu un café près de l'Opéra. Et voilà !

i Qu'est-ce que tu as acheté ?

j Alors Simon, qu'est-ce que tu as fait cet après-midi ?

1	2	3	4	5	6	7	8	9	10
....	....	....	....	....	....	....	....	....	....

LERNTIPP

Perfekt!
Bei vielen Verben kann man die Form des Partizip Perfekt nur schwer vom Infinitiv ableiten. Prägen Sie sich daher bei jedem neuen Verb das Partizip Perfekt sofort mit ein. Außerdem ist es auch sinnvoll mitzulernen, ob das Perfekt des Verbs mit dem Hilfsverb *avoir* oder *être* (siehe *Leçon* 19) gebildet wird. Wenn Sie mit Vokabelkärtchen arbeiten, sollten Sie diese jetzt entsprechend vervollständigen, eine gute Gelegenheit zu einer kleinen Wiederholung der bisher gelernten Verben!

GRAMMAIRE

3 L'anniversaire de Marie. Ergänzen Sie die Perfektformen der in Klammern angegebenen Verben.

Dimanche, nous .... (déjeuner) avec toute la famille. On .... (fêter) l'anniversaire de Marie : elle .... (avoir) 13 ans. Samedi, Paul et moi, nous .... (faire) les courses pour le repas et nous .... (acheter) un cadeau. Samedi soir, Paul .... (faire) le ménage et, moi, j'.............................. (préparer) l'entrée (= *Vorspeise*) et le dessert. Dimanche matin, on .... (prendre) le petit déjeuner très tôt. Mais Marie .... (dormir) presque jusqu'à midi ! À une heure, nous .... (manger) ensemble. Et après, nous .... (jouer) aux cartes et au backgammon.

GRAMMAIRE

4 **Messages.** Lesen Sie die Klebezettel und schreiben Sie auf, was Jérôme diese Woche gemacht hat.

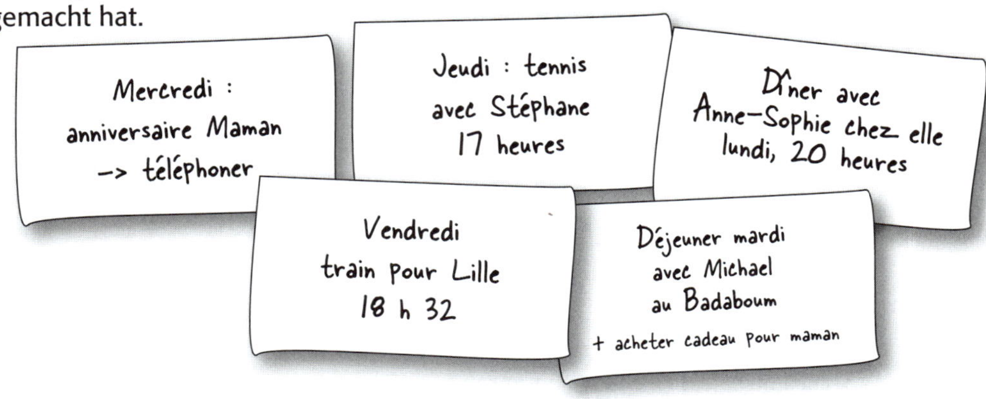

Lundi, il ....

....

....

....

....

....

GRAMMAIRE

Die Angleichung der Adjektive
Das Adjektiv richtet sich in Geschlecht und Zahl nach dem Nomen, das es näher bestimmt: **une belle maison** – *ein schönes Haus*, **des pulls bleus** – *blaue Pullover.*
Anders als im Deutschen richtet sich das Adjektiv auch dann nach dem Nomen, wenn es von ihm getrennt steht: **Les chaussures sont très jolies.** – *Die Schuhe sind sehr hübsch.*

5 **Compliments ou non ?** Verbinden Sie die Satzteile zu korrekten, sinnvollen Sätzen. Die Form des Adjektivs kann Ihnen dabei oft helfen. Kreuzen Sie dann die Sätze an, die ein Kompliment enthalten.

❑ 1 La cuisine du restaurant est	a polies.
❑ 2 Les serveuses ne sont pas	b excellents.
❑ 3 Les vins sont	c chaude.
❑ 4 La viande n'est pas	d très sucrées.
❑ 5 Les crêpes sont	e bonne.
❑ 6 Le poisson n'est pas	f complet.
❑ 7 Les meubles du restaurant sont	g cher.
❑ 8 Le dimanche, le restaurant est toujours	h beaux.

GRAMMAIRE

6 **Accord de l'adjectif.** Ergänzen Sie die Endung des Adjektivs, wenn nötig.

1 J'ai acheté deux tables ancien..........; elles sont belle.........., non ?

2 Ce restaurant est très bon.........., la cuisine est excellent.......... !

3 J'aime beaucoup cette maison : elle est grand.........., clair.......... et très joli...........

4 Ses enfants sont très beau.......... ; ils sont brun.......... tous les trois.

5 Elles sont joli.........., ces chaussures noir.......... !

7 Quel verbe ? Welches Verb passt?

1 .... : un verre, le train, des pâtes
2 .... : un cadeau, une robe, des légumes
3 .... : du thé, de l'eau, une tasse de café
4 .... : une bonne soirée, deux heures au café
5 .... : les magasins, la liste des courses, du vélo

8 La semaine de Jérôme. Jérôme erzählt von seiner Woche (vgl. Übung 4). Wo stimmt seine Erzählung nicht mit seinen Klebezetteln überein? Unterstreichen Sie die entsprechenden Teile und korrigieren Sie anschließend die Sätze.

La semaine dernière, lundi, Anne-Sophie a fait la cuisine, on a dîné chez moi Mardi à midi, j'ai dîné au restaurant avec ma mère. Après, j'ai acheté un cadeau pour Michael. Jeudi matin, j'ai joué au tennis avec Stéphane. Jeudi soir, j'ai appelé ma mère pour son anniversaire. Et vendredi soir, j'ai pris le train pour La Rochelle. J'y ai passé un beau week-end !

....

....

....

....

9 Déjà fait ou non ? Übernehmen Sie die Rolle von Mme Hébert oder von M. Botet und erfragen Sie gegenseitig, was Sie heute bereits gemacht haben und was nicht. Wer hatte heute schon mehr Zeit für sich?

Exemple : *Mme Hébert :* *Est-ce que vous avez déjà fait les courses ?*
M. Botet : *Non, je n'ai pas encore fait les courses.*

Mme Hébert	moi	M. Botet
faire les courses	☺	
lire le journal	☺	
dormir un peu	☹	
écrire une lettre	☹	
acheter du pain	☺	
prendre son café	☹	

M. Botet	moi	Mme Hébert
faire les courses	☺	
lire le journal	☺	
dormir un peu	☹	
écrire une lettre	☹	
acheter du pain	☺	
prendre son café	☹	

10 Façons de dire : Parler d'événements passés, dire son opinion. Wie drücken Sie dies auf Französisch aus?

1 Sie erzählen, dass Sie gestern Tennis gespielt und mit Freunden zu Abend gegessen haben.

....

2 Sie fragen eine Freundin, was sie gestern gemacht hat.

....

3 Sie sagen, dass das rote Kleid sehr hübsch ist.

....

4 Sie sagen, dass Ihre Nachbarn sympathisch sind.

....

5 Sie sagen, dass das chinesische Restaurant in Ihrer Nähe sehr gut ist.

....

LEÇON 19 Chère Léa…

VOCABULAIRE

1 Mots croisés.

1 Vervollständigen Sie das Rätsel mit den in den Zeichnungen dargestellten Verben.

2 Welches Verb unterscheidet sich von den anderen? Warum?

....

GRAMMAIRE

2 *Être* ou *avoir* ? Kreisen Sie die Verben ein, die im Perfekt mit dem Hilfsverb *être* konjugiert werden.

tomber	entrer	boire	descendre	faire	naître
manger	partir	rester	parler	écouter	devenir
aller	venir	prendre	monter	arriver	mourir

GRAMMAIRE

3 **Participes passés.** Welches Partizip gehört zu welchem Infinitiv? Verbinden Sie.

1 aller	a né
2 venir	b devenu
3 partir	c sorti
4 descendre	d mort
5 sortir	e venu
6 devenir	f eu
7 naître	g parti
8 mourir	h descendu
9 avoir	i allé

GRAMMAIRE

4 **Une journée ordinaire.** Setzen Sie den Text ins *Passé composé*. Achten Sie auf das richtige Hilfsverb und die Angleichung des Partizips.

Le matin, elle sort de chez elle à neuf heures. Elle va au marché et elle fait des courses. Elle revient vers onze heures. Elle prépare son repas et elle déjeune. L'après-midi, elle monte voir une amie au cinquième étage. Elle descend de chez son amie à cinq heures.
Le soir, elle ne sort pas. Et c'est comme ça tous les jours !

Hier matin, elle ....

....

....

....

.... *Et c'est comme ça tous les jours !*

GRAMMAIRE

5 **Tous en *u* !**

1 Welches Verb steckt dahinter? Notieren Sie die Infinitive.

1 bu : ....
4 répondu : ....
2 descendu : ....
5 venu : ....
3 lu : ....
6 vu : ....

2 Vervollständigen Sie die Sätze mit den Verben aus Teil 1 im Perfekt. Achten Sie auf das richtige Hilfsverb und die Angleichung des Partizips.

1 Elles .... le dernier film d'Astérix.
2 Liliane ? Elle .... à la boulangerie.
3 Nous .... une bouteille de bordeaux.
4 Tu .... le journal ce matin ?
5 Est-ce qu'ils .... à l'école hier ?
6 Tu .... à l'e-mail de Chantal ? Elle attend notre réponse.

Tipp: Viele Verben auf **-dre** bilden das Partizip auf **-du:**
attendre – attendu *(warten)*
répondre – répondu *(antworten)*
vendre – vendu *(verkaufen)*
Ausnahme: **prendre – pris** *(nehmen)*!

COMPRENDRE

6 **Questions-réponses.** Welche Antwort passt zu welcher Frage? Verbinden Sie.

1 Elle a vu Tony hier ?
2 Tes sœurs sont rentrées de Paris ?
3 Où est-ce que vous êtes allés ?
4 Vous êtes partis à la mer, la semaine dernière ?
5 Vous êtes allée au cinéma hier soir ?

a Non, je suis restée à la maison.
b Nous sommes partis deux semaines en Chine.
c Non, elles arrivent dans trois jours.
d Oui, et elle a passé une excellente soirée !
e Oui, nous sommes allés chez notre fille.

1	2	3	4	5
....	....	....	....	....

VOCABULAIRE

7 Quoi manger et quand ? Ordnen Sie jeder Tageszeit die passende Mahlzeit zu.

le soir/ le déjeuner / l'après-midi / le goûter / le petit déjeuner / le dîner / le matin / midi

le temps	le repas
....	....
....	....
....	....
....	....

GRAMMAIRE

8 *Pour* ou *dans* ? Ergänzen Sie.

1 Nous avons loué un appartement .... une semaine.

2 J'ai des examens .... un mois.

3 Le directeur arrive .... quelques minutes.

4 Je finis mes études .... deux ans.

5 Ils sont partis en vacances .... cinq jours.

À DEUX

9 Les dernières vacances. Sie wollen alles über den letzten Urlaub Ihres Partners / Ihrer Partnerin erfahren. Bereiten Sie schriftlich Ihre Fragen vor (wann? wo? mit wem? wie lange? wie?). Notieren Sie sich die Antworten und erzählen Sie dann im Kurs vom Urlaub Ihres Partners / Ihrer Partnerin.

INFO

Urlaubsgewohnheiten der Franzosen

Bekanntermaßen ist das liebste Urlaubsland der Franzosen **l'hexagone** (*m*), Frankreich selbst. Wenn sie sich doch für eine Reise ins Ausland entscheiden, stehen neben Spanien (wie bei Étienne und Mathilde in der Lektion) vor allem Deutschland und Österreich hoch im Kurs. Die beliebtesten Reiseziele dort sind **la Bavière** – *Bayern* und **le Tyrol** – *Tirol*, was natürlich auch bestens zu einer weiteren französischen Gewohnheit, der Urlaubsreise mit dem Auto, passt.

TRANSFERT

10 Façons de dire : Parler d'événements passés. Sie erzählen von einem Kurzurlaub, den Sie letzte Woche gemacht haben. Was sagen Sie auf Französisch?

1 Sie erzählen, dass ein Freund und Sie letzte Woche aufs Land gefahren sind.

....

2 Sie sind dort vier Tage geblieben.

....

3 Sie sind am Donnerstagabend nach Hause zurückgekommen.

....

4 Sie haben vier sehr schöne Tage verbracht.

....

5 Nächsten Monat fahren sie für eine Woche nach Paris.

....

LEÇON 20 Les fêtes

COMPRENDRE **1 Vrai ou faux?**

- À l'hôtel Casanova ★★★, à cinq minutes à pied de la place Saint-Marc.
- Partez à deux dans les rues de la ville ou en bateau sur le Grand Canal.
- Visitez le pont du Rialto et le pont des Soupirs.
- Et dînez dans un restaurant très romantique, sur l'île du Lido.

1 360 € pour deux personnes
avion Paris-Venise (aller-retour) + bus aéroport-hôtel + petits déjeuners + dîner romantique

ATOLL
VOYAGES

Kreuzen Sie die richtige Antwort an.

	Vra	Faux
1 Les personnes font ce voyage pour le 14 Juillet.	❑	❑
2 L'hôtel est loin de la place Saint-Marc.	❑	❑
3 L'avion part de Paris.	❑	❑
4 Dans le prix du voyage, il y a la visite du Grand Canal, en bateau.	❑	❑
5 On va en bus de l'aéroport à l'hôtel.	❑	❑
6 On reste une semaine là-bas.	❑	❑

ÉCRIRE

2 Carte postale. Sie sind zu Valentinstag drei Tage in Venedig und fahren morgen zurück. Schreiben Sie Freunden eine Postkarte und erzählen Sie, was Sie gemacht haben. DELF

VENISE – Le Lido

ÉCRIRE

3 *g* ou *j* ? Ergänzen Sie Wörter mit dem Buchstaben *g* oder *j*.

1 Tu passes à l'a......ence de voya......es ......eudi ou vendredi ?
2 On a acheté du froma......e et des oran......es.
3 C'est un ob......et ? Euh… Un bad......e, non, un a......enda.
4 Pour notre maria......e, nous man......eons dans un restaurant très romantique.
5 À quel ......eu est-ce qu'on joue ?

COMPRENDRE

4 Qu'est-ce qu'on dit ? Welcher Glückwunsch passt zu welchem Feiertag? Verbinden Sie.

1 Le jour de Noël.
2 Le jour du nouvel an.
3 Le jour de la Saint-Valentin.
4 Le jour de la fête des Mères.
5 Le jour d'un anniversaire.

a Bonne fête, maman !
b Joyeux Noël !
c Bon anniversaire !
d Bonne fête, mon amour !
e Bonne année !

À DEUX

5 Jours de fête. Ihr Partner / Ihre Partnerin hat Informationen, die Sie nicht haben, entweder den Namen des Festes, den Tag, an dem es gefeiert wird, oder die Tradition bzw. Besonderheit, die in Frankreich mit dem Fest verbunden ist. Nennen Sie die dazu passende Information und tragen Sie sie in Ihre Tabelle ein.

Exemple : **A :** *Le 1er mai, c'est quelle fête ?*
B : *C'est la fête du Travail. Et qu'est-ce qu'on fait le 1er mai ?*
A : *On donne du muguet à ses amis ou à sa famille et on fait des manifestations dans les rues.*

A

date ?	nom de la fête ?	particularité ?
1er mai		du muguet, des manifestations dans les rues
	Noël	
21 juin		partout des concerts
	la fête nationale	

B

date ?	nom de la fête ?	particularité ?
	la fête du Travail	
25 décembre		un grand repas en famille
	la fête de la Musique	
14 juillet		un feu d'artifice, des parades sur les Champs-Élysées

TRANSFERT

6 **Façons de dire : Raconter un souvenir de fête.** Erzählen Sie, was Sie an Ihrem letzten Geburtstag gemacht haben und wie Sie ihn gefeiert haben.

....

....

....

....

....

SYSTÉMATISER

S1 **Complément d'objet direct ou indirect ?**

1 Verbinden Sie die Elemente zu korrekten Sätzen. Überlegen Sie, ob Sie zum Anschluss des Objekts eine Präposition brauchen oder nicht, und wenn ja, welche.

1	Au nouvel an, on dit	– à pour	des journées en famille.
2	Pour la fête des Pères, Luc écrit un poème		les enfants sages.
3	Saint-Nicolas donne des cadeaux		bonne année à sa famille.
4	Sylvie a préparé un dîner		son petit ami à la Saint-Valentin.
5	À Mardi gras, on mange		son père.
6	À Noël, on passe		des crêpes.

2 Was kennzeichnet im Französischen das direkte Objekt, was das indirekte? Sammeln Sie in einer Tabelle die direkten und indirekten Objekte aus den oben stehenden Sätzen.

S2 **Traduisez.** Übersetzen Sie die folgenden Sätze ins Französische. Überlegen Sie, wo die grammatikalischen Unterschiede zwischen dem Deutschen und dem Französischen sind.

1 Für einen Kuchen braucht man Mehl, Zucker, Butter und Eier.

2 Émilie hat Julien einen Pullover gekauft.

3 M. Perrec telefoniert mit seinem Kollegen.

4 Letztes Jahr sind Marie und Paul in Japan gewesen.

5 Die französische Küche ist hervorragend.

6 Mathilde und Étienne sind nach Barcelona gefahren.

LERNTIPP

„Falsche Freunde"
Aus dem Bereich des Wortschatzes sind sie Ihnen sicher bekannt, z. B. **une démonstration** – *Vorführung* vs. **une manifestation** – *Demonstration*. Aber auch in der Grammatik gibt es solche „falschen Freunde". Achten Sie daher genau auf die Unterschiede in den Konstruktionen, bei den Präpositionen, bei den Hilfsverben usw. und prägen Sie sich diese besonders ein!

LEÇON 21 C'est interdit !

COMPRENDRE

1 Où est-ce ? Geben Sie an, wo man diese Sätze hören kann.

1 Ah non, vous ne pouvez pas manger de beurre ou de pommes de terre. Ce n'est pas bon pour vous.

....

2 Désolé, monsieur, mais il est interdit de prendre des photos ici.

....

3 Excusez-moi, monsieur, il est interdit de fumer. Ici, c'est non fumeur. Mais vous pouvez aller dans la voiture 5 ; là, c'est possible.

....

4 Allô ! oui, bonjour… Est-ce que je peux avoir mon petit déjeuner dans ma chambre, s'il vous plaît ?

....

VOCABULAIRE

2 C'est interdit ! Sehen Sie sich die Zeichnungen an und finden Sie heraus, was verboten ist.

1

2

1				I									
	2			N									
			3	T									
4				E									
5				R									
			6	D									
	7			I									
			8	T									

3

4

5
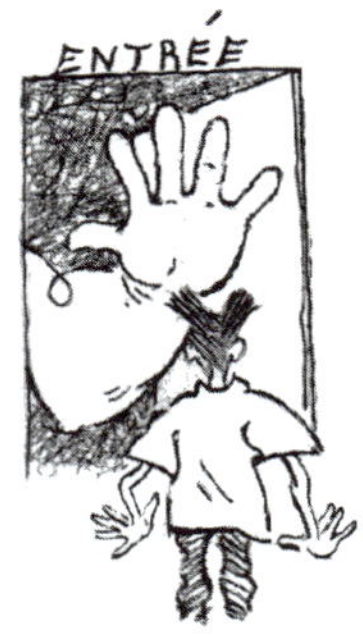

6
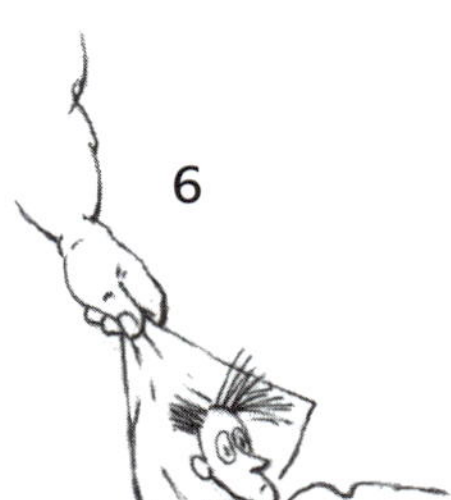

7

8

GRAMMAIRE

Die indirekten Objektpronomen beim bejahten Imperativ

• Das indirekte Objekt (bezogen auf eine Person) wird bei Verben meist mit der Präposition **à** angeschlossen, z. B. **donner qc à qn** – *jdm etw geben*, **téléphoner à qn** – *jdn anrufen*, **faire un cadeau à qn** – *jdm etw schenken* usw.
Manchmal steht auch eine andere Präposition, z. B. **acheter qc pour qn** – *etw für jdn kaufen.*

• Wird im bejahten Imperativ das indirekte Objekt durch ein Pronomen ersetzt, so stehen die Pronomen **moi, toi, lui, nous, vous, leur** direkt hinter dem Verb und werden durch einen Bindestrich an das Verb angeschlossen.

• Je peux parler à M. et Mme Roche ?
– Parlez-**leur** maintenant, ils sont au bureau.

• Je suis fatiguée.
– Prends-**toi** un café !

• Demain, c'est l'anniversaire de Gilles.
– Oui, c'est vrai ! Faisons-**lui** un beau cadeau !

• Donne-**moi** ton adresse e-mail, s'il te plaît !
– Voilà : …

3 **C'est pour eux.** Unterstreichen Sie die richtige Antwort in den Klammern.

1 Non, je suis avec un ami. Donnez-(vous – moi) deux billets, s'il vous plaît.
2 C'est aujourd'hui leur anniversaire de mariage. Prenez-(nous – leur) des fleurs.
3 Elle a bien travaillé ! Donne-(lui – elle) dix euros.
4 Nous sommes à la maison ce week-end. Téléphonez-(nous – leur).
5 Il part en vacances la semaine prochaine. Achetons-(toi – lui) un sac de voyage.

GRAMMAIRE

4 **Que faire ?** Antworten Sie, wie im Beispiel vorgegeben.

Exemple : – Patrick mange à la maison ce soir. (faire du poisson)
➜ *– Ah bon ! Fais-lui du poisson, il ne mange pas de viande.*

1 – Théo et moi, nous partons deux semaines à la Réunion. (écrire une carte postale)

– ……………………………………………………………………

2 – C'est l'anniversaire d'Émilie aujourd'hui. (acheter un cadeau)

– ……………………………………………………………………

3 – Felipe et Anna-Maria viennent ce week-end et ils ne parlent pas français. (parler espagnol)

– ……………………………………………………………………

4 – Je m'achète des fruits. Et pour toi, qu'est-ce que je prends ? (prendre des petits gâteaux)

– ……………………………………………………………………

GRAMMAIRE

5 ***Pouvoir.*** Ergänzen Sie.

1 Est-ce que je ………………………… téléphoner après 22 heures ?

2 Vous ………………………… prendre le bus, c'est moins cher.

3 Est-ce qu'on ………………………… utiliser un dictionnaire ?

4 Nous ne ………………………… pas fumer chez mes parents.

5 Tu ………………………… parler lentement, s'il te plaît ?

GRAMMAIRE

6 **Impératif négatif.** Geben Sie die verneinte Form an, wie im Beispiel.

Prends cet hôtel, il est calme. ➜ *Ne prends pas cet hôtel, il n'est pas calme.*

1 Prenez ce train, il est direct. ➜ ....

2 Regarde ce film, il est intéressant. ➜ ....

3 Jouez ici, ce n'est pas interdit. ➜ ....

4 Achète ce livre, il n'est pas cher. ➜ ....

PHONÉTIQUE

7 [ʃ] ou [ʒ] ?

1 Ordnen Sie die Wörter der richtigen Spalte zu.

le chocolat · le spectacle · les gens · la chemise · le mariage · jouer · le concert · acheter · le gâteau · les légumes

[ʃ]	[ʒ]	weder [ʃ] noch [ʒ]

2 Welche Schreibweise(n) gibt es für die Laute? Notieren Sie die Ziffern neben dem entsprechenden Laut. (Einige der Schreibweisen bleiben übrig!)

1 c vor a, o, u **2** c vor e, i **3** ch **4** g vor a, o, u **5** g vor e oder i **6** j

[s] : .... [k] : ....

INFO

Rauchen verboten: Il est interdit de fumer…
In Frankreich und in Belgien gilt seit einiger Zeit ein Gesetz, das die Abtrennung einer **zone non-fumeur** – *Nichtraucherzone* in Bars und Restaurants vorschreibt. Zum Glück für die (zuerst skeptischen) Gastwirte hat sich diese Veränderung in keinster Weise auf ihren Umsatz ausgewirkt: Vielen Leuten schmeckt das Essen in rauchfreier Umgebung genauso gut oder sogar besser als vorher. Außerdem lassen auch immer mehr Franzosen die Finger vom Tabak, der Gesundheit oder auch dem Geldbeutel zuliebe …

TRANSFERT

8 **Façons de dire : Permettre ou interdire quelque chose.** Wie heißt das auf Französisch? Verwenden Sie verschiedene Möglichkeiten, die Erlaubnis oder das Verbot auszudrücken.

1 Sie fragen im Hotel, ob Sie das Zimmer sehen können.

....

2 Im Restaurant sind Hunde nicht erlaubt.

....

3 Im Museum ist es verboten zu essen und zu trinken.

....

4 Es ist erlaubt, in der U-Bahn zu telefonieren.

....

LEÇON 22

Petites annonces

VOCABULAIRE

1 **Mots croisés.** Finden Sie die Adjektive und tragen Sie sie in das Rätsel ein.

- Est-ce que je suis .... (1) ?
  Ah oui, bien sûr. Je travaille beaucoup, je fais du sport et je n'aime pas dormir.
- Nous cherchons une personne .... (2) : à l'accueil, c'est très .... (3).
- Il a seulement dix-neuf ans, c'est très .... (4) pour travailler ici !
- Oui, elle parle trois langues .... (5) : anglais, allemand et espagnol.
- Il faut travailler le week-end : c'est .... (6).

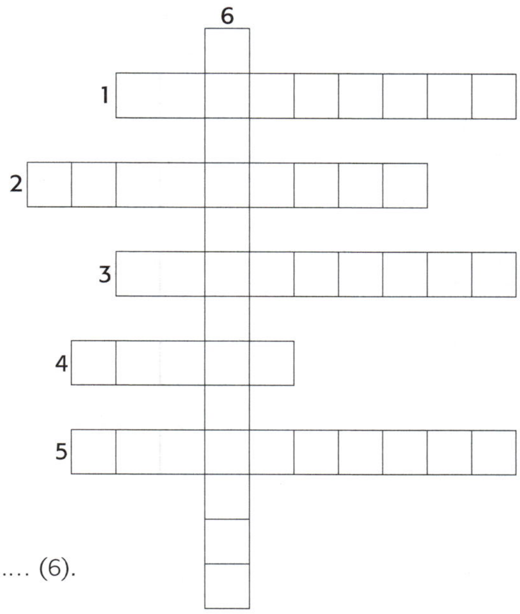

GRAMMAIRE

2 **Dites-le autrement.** Formen Sie die Sätze um, wie im Beispiel vorgegeben.

Exemple : *Faites du sport, c'est important.* ➜ *Il faut faire du sport, c'est important.*

1 Prends le bus, c'est loin. ➜ ....

2 Visitez l'île de Ré, c'est très joli. ➜ ....

3 Lis ce livre, il est intéressant. ➜ ....

4 Dors un peu, c'est indispensable. ➜ ....

GRAMMAIRE

3 **Questions-réponses.** Finden Sie die passenden Fragen.

Exemple : *– Elles veulent partir deux semaines au Canada.* ➜ *– Qu'est-ce qu'elles veulent faire ?*

1 – ....

– Non, je veux un aller simple seulement, s'il vous plaît.

2 – ....

– Oui, je sais parler anglais et italien.

3 – ....

– Luc veut aller en Italie mais moi je veux visiter la Grèce.

4 – ....

– Ah oui, elles savent très bien danser.

5 – ....

– Nous voulons rester deux semaines.

GRAMMAIRE

***Pouvoir* oder *savoir*?**
Beide Verben werden oft mit *können* wiedergegeben, haben aber unterschiedliche Bedeutung:

pouvoir bedeutet
– *in der Lage sein, die Möglichkeit haben, etw zu tun:* « Je **peux** faire les magasins cet après-midi, je ne travaille pas ».
– *die Erlaubnis haben, etw zu tun:* « Annie (16) **peut** partir en vacances avec ses amis, ses parents sont d'accord ».

savoir bedeutet *etw können, weil man es gelernt hat:* « Jérôme **sait** parler allemand et anglais, il a appris les deux langues à l'école ».

4 ***Savoir* ou *pouvoir* ?** Ergänzen Sie das passende Verb in der richtigen Form.

1 Je ne .... pas lire le journal, je n'ai pas mes lunettes.

2 Tu .... faire les courses, samedi matin ?

3 Vous .... jouer au tennis ?

4 Mme Dupuis ne .... pas faire la cuisine, mais son mari !

5 Non, ce n'est pas vrai ! Nicolas et Cécile .... lire et écrire, à l'âge de 5 ans ?

6 Désolés, nous ne .... pas venir à la fête.

7 Vous .... prendre und taxi, mais vous .... ici c'est cher.

COMPRENDRE

5 **Qu'est-ce qu'il ne faut pas dire ?** Kreuzen Sie den Satz an, der nicht höflich ist.

1 À la gare
- ❑ **a** Bonjour, je voudrais un aller-retour pour Nantes.
- ❑ **b** Un aller simple pour Nantes, s'il vous plaît.
- ❑ **c** Je veux un billet pour Nantes. Maintenant.

2 Au restaurant
- ❑ **a** Je suis désolée, monsieur, les chiens ne peuvent pas entrer.
- ❑ **b** Vous ne savez pas lire ? C'est écrit ici : pas de chien.
- ❑ **c** Excusez-moi, monsieur, mais les chiens sont interdits dans le restaurant.

3 Chez le médecin
- ❑ **a** Vous voulez boire de l'alcool ! Mais ça ne va pas, non ?
- ❑ **b** Oui, vous pouvez boire de l'alcool mais un peu seulement.
- ❑ **c** Prenez un ou deux verres d'alcool par semaine, mais c'est tout.

4 À l'hôtel
- ❑ **a** Est-ce que vous pouvez écrire votre nom ici, s'il vous plaît ?
- ❑ **b** Oui, monsieur, il faut écrire son nom ici. Merci.
- ❑ **c** Vous savez écrire ? Bon, alors, écrivez votre nom ici.

GRAMMAIRE

6 **Comment ça s'écrit ?** Infinitiv, konjugierte Verbform oder Partizip?
Ergänzen Sie *ez, é, ée, és,* oder *er.*

1 Madame Renoir, s'il vous plaît. Vous pouv............. entr............. .

2 Oui, tu peux téléphon............. à Élisa. Elle est rentr............. chez elle.

3 Vous av............. réserv............. une chambre à l'hôtel ?

4 Oui, ils sont arriv............. à Paris, mais ils ne peuvent pas dîn............. avec nous ce soir.

5 Est-ce que vous voul............. mang............. avec nous ce midi ?

GRAMMAIRE

7 *Aller* + infinitif. Ergänzen Sie.

1 Nous (wohnen) .... dans un hôtel au bord de la mer.

2 Je (sprechen) .... français avec mon amie.

3 Tu (suchen) .... un travail en Provence ?

4 Est-ce que vous (arbeiten) .... demain ?

COMPRENDRE

8 Petites annonces. Lesen Sie die drei Stellenanzeigen und ergänzen Sie die Sätze.

1

La société Prunier à Bordeaux cherche

une **assistante de direction** bilingue anglais

Profil : baccalauréat, 2 années d'expérience, travail sur ordinateur (Word, Excel)

Envoyer candidature à M. Duroc : jduroc@yahoo.fr

2

Le studio parisien de l'agence Belles-Photos recherche

jeune photographe (m/f)

Tél. pour R.-V. : 01.55.32.78.89

3

Le cabinet Zazi-Moulin recherche

DENTISTE (F)

pour un remplacement d'une année.

Lieu : Strasbourg

Tél. pour plus d'informations : M. Zazi/Mme Moulin au 03.12.33.23.87

1 Dans l'annonce n°. .... , on cherche un ou une .... à Paris.

2 Dans l'annonce n°. .... , on cherche quelqu'un qui sait parler français et anglais.

3 Dans l'annonce n°. .... , on cherche une dentiste à ....

INFO

In Frankreich gilt seit dem 1. Januar 2000 die **loi des 35 heures.** Die Mehrheit der Franzosen arbeitet seitdem 35 Stunden pro Woche. Ziel der **RTT (réduction du temps du travail** – Arbeitszeitverkürzung) war, neue Arbeitsplätze zu schaffen und die Arbeitszeiten flexibler zu gestalten. Ob dies gelingt, ist heftig umstritten.

À DEUX

9 Le travail de rêve. Befragen Sie Ihren Partner / Ihre Partnerin nach seinem Traumberuf, welche Voraussetzungen man für den Beruf braucht, welche besonderen Fähigkeiten er/sie dafür mitbringt, was ihm/ihr in dem Beruf wichtig ist usw., und entwerfen Sie dazu eine passende Stellenanzeige, für die er/sie der ideale Bewerber ist.

TRANSFERT

10 Façons de dire : Expliquer la possibilité, le savoir-faire, la volonté, l'obligation.

Eine Möglichkeit, sein Können, eine Absicht oder eine Notwendigkeit ausdrücken: Was sagen Sie auf Französisch?

1 Sie können Gitarre spielen. ....

2 Sie möchten ein Glas Rotwein. ....

3 Sie können mit dem Computer arbeiten. ....

4 Sie können am Samstagabend nicht kommen. ....

5 Für den Französischkurs muss man zum *Institut français* (zur VHS, zur Uni, in die Schule …) gehen.

....

LEÇON 23 Qu'est-ce qu'on lui offre ?

GRAMMAIRE

1 *Connaître.* Ergänzen Sie.

1 – Vous .... la France ? – Oui, nous .... bien la France.

2 – Elle .... tes parents ? – Non, mais moi je .... ses parents.

3 Mes enfants .... beaucoup de chansons françaises.

GRAMMAIRE

2 *Savoir* ou *connaître* ? Lesen Sie die folgenden Sätze und beantworten Sie die drei anschließenden Fragen.

- Tu connais la femme là-bas ?
- Est-ce que tu sais nager ?
- Pardon, madame, vous connaissez les horaires des avions pour Nice ?
- Et ton mari, il sait faire la cuisine ?
- Ah bon ! Ils ne connaissent pas son amie ?
- Vous savez danser la salsa ?

1 Welche Wortart folgt auf das Verb *savoir*?

nach *savoir*: ....

2 Was folgt auf das Verb *connaître*?

nach *connaître*: ....

3 Wie würden Sie diese Sätze übersetzen?

....

....

....

....

....

....

VOCABULAIRE

3 **Devinettes.** Claire geht in Rente und die Kollegen schenken ihr etwas zu ihrem Abschied. Finden Sie heraus, welche Geschenke sie bekommt.

1 On le prend pour voyager. Il peut être petit ou grand.

2 On les mange. Ils peuvent être noirs ou au lait.

3 On le prend pour écrire ses rendez-vous.

4 On les lit. Dans la maison, on les trouve sur une étagère ou sur un bureau.

5 On le porte. C'est long et chaud.

6 On les voit dans le jardin ou on les trouve dans un vase.

				1			C		
2							A		
		3					D		
		4					E		
	5						A		
			6				U		

COMPRENDRE

4 **Questions-réponses.** Welche Antwort passt zu welcher Frage? Verbinden Sie.

1 Tu achètes ce journal ?

2 Tu connais ses amis ?

3 Qu'est-ce que tu offres à ta femme pour son anniversaire ?

4 Vous connaissez ma femme ?

5 Alors, est-ce que vous prenez cet appartement ?

6 Qu'est-ce que vous achetez à Richard et Yasmina ?

a Oui, bien sûr, je la connais bien.

b Non, nous ne l'achetons pas. Il est trop cher.

c Oui, je le prends tous les jours.

d On leur offre un week-end à Biarritz.

e Non, je ne les connais pas.

f Je lui achète un sac Yves Saint Laurent.

1	2	3	4	5	6
....	....	....	....	....	....

GRAMMAIRE

5 **Complément d'objet direct ou indirect ?** Setzen Sie das richtige Pronomen an der richtigen Stelle ein.

1 – Tu prends les chaussures rouges ? – Oui, je .... prends .... *(les – leur)*

2 – Qu'est-ce que tu donnes à ta mère pour la fête des Mères ?

– Je .... donne .... un bouquet de fleurs. *(la – lui)*

3 M. Durand a appelé trois fois hier. Vous .... avez .... rappelé ? *(l' – lui)*

4 – Je voudrais faire un circuit en Amérique avec Christine et Denise !

– .... Parle-...................... de ton idée ! *(les / leur)*

5 Mme Dauger part à la retraite. Les collègues .... veulent .... offrir un livre d'art. *(la / lui)*

GRAMMAIRE

6 **Oui ou non ?** Antworten Sie auf die Fragen und verwenden Sie *le, la, l', les, lui* oder *leur.*

Exemple : – Tu aimes ce film ? ➜ – Non, je ne l'aime pas.

1 – Vous avez le cadeau pour Titia ? ➜ – Non, ...

2 – Elle écrit à Pawel pour son anniversaire ? ➜ – Oui, ...

3 – Ils connaissent mes deux frères ? ➜ – Non, ...

4 – Tu téléphones à Caroline et Alex pour ce soir ? ➜ – Oui, ...

5 – On prend le train à 21 h 15 ? ➜ – Non, ...

6 – Il quitte l'agence cette semaine ? ➜ – Oui, ...

PHONÉTIQUE

7 **Le *e*.** Streichen Sie den Buchstaben *e* durch, wenn er nicht ausgesprochen wird.

Exemple : Je n~~e~~ peux pas.

1 Tu le vois quand ?

2 Je ne sais pas.

3 Je ne regarde pas le journal.

4 Donne-le à ton frère.

5 Elle offre des fleurs à sa mère.

COMPRENDRE

8 De l'école maternelle à la retraite.

1 Welcher Begriff wird erklärt?

1 Après la vie professionnelle, on peut partir à la retraite.
2 Les enfants vont à l'école maternelle à l'âge de trois ans.
3 On peut commencer ses études après le lycée.
4 L'école primaire est pour les enfants de six à dix ans.
5 Tous les élèves vont au collège pour quatre ans.
6 Un apprentissage prépare à une profession concrète.

a Grundschule
b Gymnasium
c Kindergarten / Vorschule
d Gesamtschule
e Lehre
f Rente

2 Ordnen Sie die französischen Schularten der chronologischen Reihenfolge nach.

1 : .... 3 : ....

2 : .... 4 : ....

INFO

Schularten: Le collège et le lycée
Nach der Grundschule im Alter von etwa 10 Jahren gehen alle französischen Schüler in ein **collège**, eine Art Gesamtschule. Dort verbringen sie vier Jahre, von der **sixième** – *wörtl.: sechsten Klasse* bis zur **troisième** – *wörtl.: dritten Klasse*. Danach kann man noch drei Jahre auf ein **lycée** – *Gymnasium* gehen. Auch hier werden die Klassen weiter abwärts gezählt: **deuxième, première** und **terminale**. **En terminale** – *in der Abschlussklasse* ist es dann endlich soweit: **On passe son baccalauréat (bac).** – *Man macht sein Abitur (Abi).*

À DEUX

9 Des cadeaux pour Yasmina et Martin.

Lesen Sie die beiden Kurzporträts und überlegen Sie gemeinsam, welches Geburtstagsgeschenk Sie für die beiden aussuchen würden.

Yasmina, 22 ans, une fille de 3 ans
assistante de marketing
☺ sa moto, le jazz, faire de la musique, la nature, le Canada, faire du ski, la cuisine chinoise
☹ le chocolat, la mode, les chats

Martin, 66 ans, marié
retraité, ancien informaticien
☺ l'art, le théâtre, le rock, aller à vélo, l'Afrique, écrire, le bleu
☹ lire, le cinéma, la musique classique

TRANSFERT

10 Façons de dire : Faire, accepter et refuser des propositions.

Vorschläge machen, annehmen und ablehnen: Was sagen Sie auf Französisch?

1 Sie schlagen vor, ins Kino zu gehen.

....

2 Sie lehnen es ab, zur Party am Freitagabend zu kommen. Sie gehen ins Konzert.

....

3 Sie finden es eine gute Idee, Yvette eine Flasche Bordeaux zu schenken.

....

4 Sie schlagen vor, nach dem Kino noch einen Kaffee bei Ihnen zu Hause zu trinken.

....

5 Sie suchen eine Geschenkidee für den Geburtstag einer Freundin.

....

LEÇON 24 Le candidat idéal…

ÉCRIRE

1 **Invitation.** Lesen Sie die Einladung und denken Sie sich zwei unterschiedliche Antworten aus. DELF

1 Fatou et Karim peuvent venir ; ils vous demandent des conseils pour acheter un cadeau. Ils viennent avec des CD.

2 Pierre ne peut pas venir ; il s'excuse et donne des raisons.

Chers amis,

Samedi soir, je fais un dîner à la maison pour l'anniversaire d'Évelyne.

***Mais attention !** Elle ne le sait pas.*

Rendez-vous chez nous à vingt heures.

À samedi.
Maxime

PS. Vous pouvez prendre des CD avec vous…

1 ……………………………………………………………………

……………………………………………………………………

……………………………………………………………………

……………………………………………………………………

……………………………………………………………………

……………………………………………………………………

2 ……………………………………………………………………

……………………………………………………………………

……………………………………………………………………

……………………………………………………………………

……………………………………………………………………

……………………………………………………………………

ÉCRIRE

2 **Excuse.** Lesen Sie den Text und ergänzen Sie die Akzente (´, `, ^), die Satzzeichen und die Großbuchstaben.

je suis desolee mais je ne peux pas venir a la fete demain soir j'ai un probleme avec les enfants ils ne vont pas tres bien aujourd'hui ils ne sont pas alles a l'ecole j'ai appele le medecin passez une bonne soiree a bientot anne

COMPRENDRE

3 **Que faut-il faire ?** Lesen Sie den Text und kreuzen Sie die richtigen Antworten an.

Les bons conseils

d'Amandine de Motteschild

Vous êtes étranger ou étrangère et on vous invite à dîner dans une famille en France. Voici mes petits conseils.

- **Offrez toujours quelque chose :** en général, on achète des fleurs ou une bouteille de vin.
- **Vous êtes invité(e) à vingt heures :** arrivez vers huit heures dix, huit heures et quart. Avant, c'est trop tôt ; après, c'est trop tard.
- **Ne quittez pas vos chaussures.**
- **Vous pouvez refuser un verre de vin** ou d'alcool mais pendant le dîner, en général, il faut tout manger.
- **Vous n'aimez pas quelque chose**, le poisson par exemple. Ne dites pas : « Je n'aime pas le poisson » mais : « Excusez-moi, je suis désolé(e), je ne peux pas manger de poisson. »
- **Ne mangez pas de manière bruyante.**
- **Le cuisinier ou la cuisinière vous demande : « Comment vous trouvez ma cuisine ? »** Ne dites pas : « Hum hum, ça va » mais : « C'est excellent », ou : « C'est très bon, merci pour ce repas. »

Que dit Amandine de Motteschild ?

	Vrai	Faux
1 Il faut offrir des fleurs.	❑	❑
2 On peut offrir des fleurs.	❑	❑
3 Ne buvez pas d'alcool.	❑	❑
4 Ne parlez pas à table.	❑	❑
5 Il faut arriver à l'heure précise.	❑	❑
6 Invité(e) à 20 heures, n'arrivez pas à 20 h 30.	❑	❑
7 Ne portez pas de chaussures dans la maison.	❑	❑
8 Vous n'aimez pas quelque chose : trouvez une excuse.	❑	❑

ÉCRIRE

4 **À vous.** Geben Sie zwei Franzosen, die zu einem privaten Abendessen in Ihrem Land eingeladen sind, die wichtigsten Ratschläge mit auf den Weg: Schreiben Sie einen kleinen Artikel wie in der Übung 3 für eine französische Zeitschrift.

Les bons conseils

de ....

Vous êtes étranger ou étrangère et on vous invite à dîner dans une famille en/au .... *. Voici mes petits conseils.*

....
....
....
....
....
....
....

À DEUX

5 **Qu'est-ce qu'un cours de français réussi ?** Überlegen Sie gemeinsam mit Ihrem Partner / Ihrer Partnerin, was wichtig ist, um erfolgreich Französisch zu lernen. Was können Sie vor dem Kurs, im Kurs und nach dem Kurs machen? Welche Aktivitäten gibt es für Sie alleine oder mit anderen zusammen? Sammeln Sie Ihre Vorschläge und vergleichen Sie im Kurs. Sind für Sie noch weitere nützliche Ideen dabei?

TRANSFERT

6 **Façons de dire : La vie n'est pas toujours rose**... Verfassen Sie einen kurzen Bericht über die Situation auf dem Arbeitsmarkt in Ihrem Land. Denken Sie auch an diejenigen, die arbeitslos (*au chômage*) sind.

....

....

....

....

SYSTÉMATISER

S1 Grammaire : Singulier ou pluriel ?

1 Ergänzen Sie die fehlenden Formen (Nomen und Adjektive). Setzen Sie auch den unbestimmten Artikel ein!

1 .... / des cadeaux
2 un œil / ....
3 .... / des journaux
4 un cheveu / ....
5 un manteau bleu / ....
6 .... / des candidats idéaux

2 Was bemerken Sie ?

- Wörter auf -.................. bilden in der Regel den Plural auf **-aux**.
- Bei -.................. wird ein **x** hinzugefügt.
- Bei -.................. wird in der Regel ein **x** hinzugefügt. Aber nicht immer, z. B. nicht beim Adjektiv ....

S2 Grammaire : Conjugaisons. Ergänzen Sie die richtigen Verbformen.

	choisir	connaître	offrir	pouvoir	savoir	vouloir
je/j'	choisis		offre	peux	sais	
tu		connais		peux		veux
il / elle	choisit				sait	veut
nous		connaissons		pouvons		voulons
vous	choisissez		offrez		savez	
ils / elles		connaissent	offrent			
p. passé	choisi	connu	offert	pu	su	voulu

LERNTIPP

Welcher Lerntyp sind Sie?

Lernen Sie am besten, indem Sie viel mit Farben arbeiten? Oder hören Sie vor allem Originaltexte und sprechen Sie Wörter auf eine CD? Oder basteln Sie mit Vorliebe an Ihrer Wortschatzkartei bzw. an Ihren Lernpostern und hängt Ihre ganze Wohnung voller Zettel? Egal, ob Sie ein visueller, akustischer Typ sind oder am besten durch Handlungen lernen: Probieren Sie auch die anderen Methoden einmal aus. Sie werden feststellen, dass eine Methode nicht für alle Bereiche einer Sprache sinnvoll und effektiv ist. Doch immer das A und O: regelmäßig lernen und wiederholen! Lieber jeden Tag ein bisschen (ca. 15 Minuten) als ein Mal pro Woche eineinhalb Stunden!

LEÇON 25 Enquête

VOCABULAIRE 1

Mots mêlés.

1 Suchen Sie die zwölf versteckten Wörter (waagrecht und senkrecht). Ein Tipp: Es geht um Nomen, die mit Freizeitbeschäftigungen zu tun haben.

D	X	O	P	E	R	A	G	I	H	B
I	M	A	G	A	Z	I	N	E	Q	A
S	C	S	L	I	P	R	Y	F	T	R
C	R	E	S	T	A	U	R	A	N	T
O	L	S	H	F	J	I	C	J	C	H
T	E	L	E	V	I	S	I	O	N	E
H	L	Z	A	E	P	N	N	U	V	A
E	I	X	B	E	Y	C	E	R	B	T
Q	V	M	U	S	E	E	M	N	Z	R
U	R	J	F	S	T	H	A	A	N	E
E	E	V	S	P	O	R	T	L	Q	Y

2 peu / peu de / un peu – beaucoup / beaucoup de (d'). Ergänzen Sie.

1 J'ai (viele) .... amis en Autriche et je parle (ein bisschen) .... allemand.

2 Vous travaillez (viel) .... et vous faites (wenig) .... sport.

3 Ils ont (viele) .... livres. Ils lisent (viel) ....

4 Tu as (viel) .... temps et tu sors (wenig) .... !

VOCABULAIRE 2

Aimer ou détester ? Ordnen Sie die Verben nach ihrer Intensität, nummerieren Sie die Sätze dazu von 1 bis 6 (1 = am liebsten, 6 = überhaupt nicht gern). Wie würden Sie die Sätze übersetzen?

- ❑ J'aime la lecture.
- ❑ J'adore aller au théâtre.
- ❑ J'aime bien faire du vélo.
- ❑ Je déteste écouter du rock.
- ❑ J'aime beaucoup les gâteaux.
- ❑ Je n'aime pas beaucoup le sport.

Die Verben **aimer, adorer, détester, préférer** können mit einem Nomen (+ bestimmter Artikel) oder mit einem Infinitiv stehen.

GRAMMAIRE 3

***En* ou *ça* !** Beantworten Sie die Fragen und benützen Sie dabei *en* oder *ça*.

1 – Vous faites beaucoup de sport ? – Oui, ...

2 – Est-ce vous aimez le cinéma ? – Non, ...

3 – Est-ce que vous lisez des journaux ou des magazines ? – Non, ...

4 – Vous avez un peu de temps pour les loisirs ? – Oui, ...

5 – Vous détestez les bars et les discothèques ? – Oui, ...

GRAMMAIRE

4 **Non, c'est non !** Denken Sie sich eine Antwort mit *ne... plus* aus.

Exemple : *– Tu vas à la piscine ce soir ?*
→ *– Non, je ne vais plus à la piscine ; je fais de la musculation maintenant.*

1 – Est-ce que vous avez le temps d'aller au cinéma pendant la semaine ?

– ....

2 – Et vos enfants, ils aiment regarder la télé ?

– ....

3 – Le jeudi soir, tu fais du théâtre ?

– ....

4 – Est-ce que vous lisez beaucoup de livres par an ?

– ....

COMPRENDRE

5 **Une enquête dans la rue.** Bringen Sie den Dialog in die richtige Reihenfolge.

a J'ai fait de la natation. Cinq ans. Mais je n'en fais plus. Je n'ai pas le temps.
b Et vous sortez comment ? Avec des amis ? En famille ?
c Bien. Merci beaucoup, madame.
d Pardon, madame, je fais une enquête sur les loisirs des Français ; vous pouvez répondre à quelques questions ?
e Bon, d'accord.
f D'accord. Et alors, où est-ce que vous sortez avec votre famille ? Au cinéma, au théâtre, au restaurant ?
g Est-ce que vous faites du sport ?
h Euh… C'est long ?
i Un peu… Mais pas tous les week-ends.
j Avec mon mari et mes deux filles, en général.
k Première question : le week-end, est-ce que vous sortez un peu, beaucoup ou pas du tout ?
l Au restaurant et au théâtre, non : c'est cher. Mais au cinéma, oui. On aime bien ça.
m Non, non, il n'y a pas beaucoup de questions.

1	2	3	4	5	6	7	8	9	10	11	12	13
....	....	....	....	....	....	....	....	....	....	*g*	....	....

INFO

Sortir avec des amis
En France, sortir avec des amis, ce n'est pas seulement manger dans un restaurant ou aller en boîte. On se rencontre souvent dans un bar à la fin de l'après-midi pour prendre l'apéritif ensemble. On prend un pastis ou un kir ou tout simplement un café, on reste une heure ou même deux. Après, chacun rentre et dîne chez soi.

ÉCRIRE

6 **Activités avec des amis.** Was unternehmen Sie gerne mit Freunden, was lieber alleine? Schreiben Sie 4 – 5 Sätze.

....

....

....

....

PHONÉTIQUE

7 **Le e caduc.** Streichen Sie den Buchstaben *e* durch, wenn er nicht ausgesprochen wird.

Exemple : Vous ne fait~~e~~s plus de cinéma ?

1 Tu as fait un peu de théâtre !
2 Elle aime bien ce musée.
3 Il n'a plus de livre à lire.
4 Je préfère le cinéma.
5 Je ne fais plus de sport.

À DEUX

8 **Beaucoup, un peu, pas du tout ?** Es geht um Ess- und Trinkgewohnheiten Ihres Partners / Ihrer Partnerin. Erfragen Sie gegenseitig, was er/sie isst oder trinkt. Achten Sie auf den Teilungsartikel und verwenden Sie bei der Antwort das Pronomen *en* und die Häufigkeitsadverbien. Vervollständigen Sie zuerst Ihr Kärtchen mit Ihren Gewohnheiten (++ = beaucoup, + = un peu, – = pas du tout).

Exemple : ***A :*** *Vous mangez du chocolat ?*
B : *Non, je n'en mange pas du tout.*

A	moi	B
chocolat		
légumes		
viande		
poisson		
beurre		
confiture		
Coca		
café		
eau		

B	moi	A
chocolat		
légumes		
viande		
poisson		
beurre		
confiture		
Coca		
café		
eau		

TRANSFERT

9 **Façons de dire : Parler de ses loisirs (goûts et préférences, fréquences et intensité).** Sie sprechen über Ihre Freizeitaktivitäten, über das, was Sie (nicht) gerne machen und wie oft Sie etwas machen. Was sagen Sie auf Französisch?

1 Ich gehe gern schwimmen.

....

2 Ich mag Malerei sehr.

....

3 Ich lese nicht gerne Zeitung, ich lese lieber Romane.

....

4 Ich bin viel Ski gefahren, aber jetzt mache ich das nicht mehr. Es ist sehr teuer.

....

5 Sonntags schlafe ich gerne bis Mittag.

....

6 Ich schreibe gar nicht gerne E-Mails an meine Freunde, ich telefoniere lieber.

....

LEÇON 26 Quitter Paris

VOCABULAIRE

1 Salade de mots. Finden Sie die sechs Wörter heraus und ergänzen Sie jeweils das Wort, das das Gegenteil bedeutet. Ein Tipp: Die Wörter kommen alle im Lehrbuch auf Seite 76 vor.

1 aerchet : ....
2 aatvnaeg : ....
3 mcagnpae : ....
4 embsenel : ....
5 ytbranu : ....
6 evriv : ....

GRAMMAIRE

2 C'est trop ou pas assez ? Sehen Sie sich die Zeichnungen an und antworten Sie auf die Fragen, wie im Beispiel vorgegeben.

Exemple : *Pourquoi est-ce qu'il ne veut plus habiter en ville ?*
➜ Parce qu'il y a trop de pollution.

1 Pourquoi est-ce qu'elle ne veut pas porter cette robe ?

....

2 Pourquoi est-ce qu'il n'achète pas cette voiture ?

....

3 Pourquoi est-ce qu'elle ne peut pas dormir ?

....

4 Pourquoi est-ce qu'il ne peut pas acheter ces chaussures ?

....

1

2

3

4

GRAMMAIRE

3 *Tout.* Ergänzen Sie *tout, tous, toute, toutes.*

1 Ce week-end, avec mes amis, nous sommes .... partis à la campagne.

2 Dans mon immeuble, c'est bien, ... le monde se connaît.

3 Et tes sœurs, elles habitent .... à Paris maintenant ?

4 Nous avons visité .... les appartements de l'immeuble : ils sont trop petits.

5 Aujourd'hui, ... ma famille a téléphoné pour notre anniversaire de mariage.

6 Où sont .... mes photos d'anniversaire ? Elles ne sont plus dans ma chambre.

PHONÉTIQUE

4 [tu] ou [tus] ?

1 Unterstreichen Sie den Buchstaben *s* im Wort *tous*, wenn er ausgesprochen wird.

Exemple : – Tous vos enfants font du sport ? – Oui, ils font tou<u>s</u> du tennis ou de la natation.

1 – Tu as vu tous tes amis, ce week-end ? – Non, pas tous.

2 – Ils habitent tous à la campagne ? – Alex, Lou et Benjamin, oui. Mais, tous les autres sont à Paris.

3 – Tu travailles tous les jours à Lyon ? – Non, tous les lundis et mercredis seulement.

4 – Et tes frères ? Ils sont tous médecins ? – Oui, tous les trois.

2 Können Sie die Regel ableiten?

Das *s* von ***tous*** wird dann ausgesprochen, wenn ***tous*** als .... verwendet wird.

COMPRENDRE

5 **Qu'est-ce qu'ils pensent ?** Sortieren Sie die folgenden Sätze. Welche drücken etwas Positives aus, welche etwas Negatives?

1 Je trouve ça pas mal.

2 Je n'aime pas du tout ça !

3 Je suis d'accord avec toi.

4 Je ne comprends pas ça.

5 Non mais qu'est-ce que tu t'imagines !

6 Tu as raison.

7 Je déteste ça !

8 Excuse-moi mais tout ça, ce n'est pas important.

Positiv: ....

Negativ: ....

GRAMMAIRE

6 **Trop / trop de – assez / assez de.** Finden Sie die richtige Form.

1 Non, merci. C'est .... (trop / trop de) cher !

2 C'est intéressant. Il y a .... (assez / assez de) choses à voir.

3 Cet hôtel est .... (assez / assez de) calme.

4 Il y a .... (trop / trop de) bicyclettes devant l'université.

5 La chambre n'est pas .... (assez / assez de) grande.

6 Il n'y a pas .... (assez / assez de) tables dans le restaurant.

7 Il y a .... (trop / trop de) voitures la nuit. C'est bruyant.

ÉCRIRE

7 **Vivre en ville ou à la campagne ?** Lesen Sie den folgenden Infotext und vergleichen Sie mit Ihrem Land. Wo leben die Menschen lieber? Aus welchen Gründen? Gibt es ähnliche Tendenzen wie in Frankreich? Recherchieren Sie die wichtigsten Zahlen und schreiben Sie einen kurzen Text dazu.

La France : quelques faits et tendances
En 2006, la population de la France métropolitaine est estimée par l'Insee à 61 millions d'habitants et celle en outre-mer à 1,9 million. Les recherches démographiques publiées en 2007 constatent une étonnante progression de l'espérance de vie, la montée très rapide des pacts hétérosexuels et les naissances d'enfants de parents non-mariés. La plupart des Français vivent « à côté » des grandes villes, c'est-à-dire qu'ils vivent à la campagne, mais ils travaillent en ville et profitent de leurs offres culturelles et sportives. Les plus grandes villes sont Paris, Marseille, Lyon, Toulouse, Nice, Nantes, Strasbourg et Montpellier.

Mon pays: ....

À DEUX

8 **Vivre à l'étranger ?** Sie möchten im Ausland leben, Ihr/e Partner/in hat Vorbehalte. Entscheiden Sie zunächst, wer in der Diskussion welche Ansicht vertritt. Sammeln Sie dann (schriftlich) Argumente. Verwenden Sie in der Diskussion auch die Ausdrücke aus Übung 5, um Ihre Meinung klar zu sagen. Können Sie sich einigen?

Exemple : A : *Je voudrais vivre à l'étranger parce que c'est intéressant : une autre culture, une autre langue…*
B : *Oui, mais il faut trouver un travail pour y vivre ! C'est souvent un problème.*

TRANSFERT

9 **Façons de dire : Donner son opinion.** Sie fragen eine Kollegin (die Sie siezen) nach ihrer Meinung und drücken Ihre Ansicht aus. Was sagen Sie auf Französisch?

1 Sie fragen sie, was sie darüber denkt.

....

2 Es tut Ihnen Leid, aber Sie verstehen ihre Ansicht nicht.

....

3 Sie erklärt sie Ihnen und Sie finden die Idee Ihrer Kollegin gar nicht schlecht.

....

4 Sie sagen, dass sie mit ihrer Kritik (*la critique*) Recht hatte.

....

5 Sie sind mit ihrem Vorschlag einverstanden.

....

LEÇON 27 Vivement les vacances !

VOCABULAIRE

1 Exprimez vos goûts et vos préférences. Antworten Sie auf die Fragen. Verwenden Sie dazu folgende Ausdrücke:

J'adore… *Qu'est-ce que c'est bien !* *J'aime bien/beaucoup…* *Ça m'amuse (beaucoup).*	*Je préfère…*	*Je déteste… / Ça m'ennuie.* *Ce n'est pas vraiment intéressant.* *Vous trouvez ça bien, vous ?* *Je n'aime pas (du tout)…*

Exemple : Faire du sport ? ➜ Non, je n'aime pas du tout ; ça m'ennuie.

Est-ce que vous aimez…

1 vous lever tard ? ....

2 faire les courses ? ....

3 prendre des vacances à la campagne ? ....

4 prendre votre petit déjeuner au lit ? ....

5 aller en boîte ? ....

GRAMMAIRE

2 Verbes pronominaux ou non ? Lesen Sie die Sätze und kreuzen Sie die an, in denen ein reflexives Verb enthalten ist. Übersetzen Sie anschließend die Sätze.

- ❑ 1 Quand est-ce que tu te lèves le matin ?
- ❑ 2 Je me suis acheté un manteau rouge !
- ❑ 3 Ses collègues lui ont offert un livre d'art.
- ❑ 4 Ils se sont mariés samedi.
- ❑ 5 Ne vous endormez pas !
- ❑ 6 Appelle-moi ce soir, d'accord ?

Achtung: Nicht immer wird das französische *verbe pronominal* im Deutschen durch ein reflexives Verb wiedergegeben.

GRAMMAIRE

3 Le journal intime de Sophie. Ergänzen Sie die Verben im *Passé composé* nach der vorgegebenen Reihenfolge.

> se lever – se doucher – s'habiller – prendre – lire – se promener – rentrer – retourner – se baigner – se reposer – venir – aller – bien s'amuser

Ce matin, je .... très tôt, vers six heures, six heures et quart.

Je ...., je .... et j'..........

mon petit déjeuner. Après, j'.......... deux ou trois magazines.

Vers dix heures, je .... un peu sur la plage et je .... à la maison.

Cet après-midi, je .... à la plage et je .... : la mer n'est pas

très chaude, en ce moment. Ensuite, je ....

Ce soir, Paul .... et nous .... dans un bar : nous

....

ÉCRIRE

4 La journée de Natalie.

1 Beschreiben Sie nach den Vorgaben einen typischen Tag von Natalie aus ihrer Perspektive. Was fällt Ihnen auf? Welchen Beruf könnte sie ausüben?

se lever à une heure — prendre le petit déjeuner — faire le ménage — faire les courses — se promener avec une amie à cinq heures — se coucher pour une heure — manger quelque chose — partir au travail à neuf heures — rentrer à six heures — s'endormir à sept heures

....

....

....

....

2 Und wie kann Natalies gestriger Tag gewesen sein? Nehmen Sie einen Zettel zur Hand und setzen Sie Ihren Text in die Vergangenheit.

GRAMMAIRE

5 **Ordres contraires !** Formen Sie die Sätze um, wie im Beispiel vorgegeben.

Exemple : Couche-toi tôt ! ➜ Ne te couche pas tôt !

1 Ne vous levez pas tard demain. ....

2 Baigne-toi dans la piscine. ....

3 Ne vous entraînez pas au tennis ce soir. ....

4 Habille-toi d'une robe noire. ....

5 Reposons-nous maintenant. ....

GRAMMAIRE

6 **Qu'est-ce que vous dites dans les situations suivantes ?** Sie haben immer einen passenden Rat für jede Situation. Was sagen Sie?

Exemple : Un de vos amis ne va pas très bien. ➜ Couche-toi et téléphone à un médecin.

1 Votre sœur travaille trop, elle ne part pas en vacances.

....

2 Il est midi et votre fils n'est pas encore levé. Il est rentré très tard.

....

3 Une amie cherche des vêtements pour une soirée à l'opéra.

....

4 Votre fille s'ennuie à la maison.

....

5 Votre mari est énervé : il veut aller au travail, mais la voiture ne fonctionne pas.

....

VOCABULAIRE

7 **Amusant ou ennuyant ?** Sammeln Sie: Was ist für Sie im Urlaub unterhaltsam, was langweilig?

amusant	ennuyant
faire du sport, …	*la plage, …*

À DEUX

8 **Voyage de noces.** Flitterwochen: Denken Sie sich eine zweiwöchige Hochzeitsreise – *un voyage de noces* – für ein junges Paar aus: 33 und 35 Jahre alt, beide sportlich, natur- und kulturinteressiert, keine Strandurlauber. Geld spielt keine Rolle; Reisetermin: November!

INFO

Vacances en couleurs
En France, les vacances peuvent être bleues, vertes ou blanches. Le bleu est la couleur des vacances à la mer ; les vacances vertes, les Français les passent dans la nature, à la campagne. Et pour les vacances blanches, on va à la montagne, mais seulement en hiver – où tout est blanc comme neige !

TRANSFERT

9 **Façons de dire : Parler de ses vacances (exprimer des goûts, donner des conseils).** Sie sprechen über Urlaub: Sie sagen, was Ihnen im Urlaub gefällt, und raten jemandem, was er/sie machen könnte. Was sagen Sie auf Französisch?

1 Urlaub am Meer finden Sie richtig gut. ....

....

2 Sie erzählen, dass ein Freund von Ihnen sich am Strand langweilt; er besichtigt lieber Städte. ....

....

....

3 Sie finden das nicht so interessant. ....

....

4 Sie schlagen ihm einen Kompromiss vor: Sie fahren mit ihm heute in die Stadt und morgen soll er mit Ihnen am Strand spazieren gehen, baden und sich erholen. ....

....

....

....

LEÇON 28 Les Français en vacances

COMPRENDRE

1 **Points communs et différences.** Lesen Sie den Artikel und notieren Sie die Gemeinsamkeiten bzw. die Unterschiede zwischen Valérie und Nicolas.

Quel type de voyageur êtes-vous ?

*Cette semaine, **Voyages Magazine** vous présente Valérie et Nicolas : ils nous parlent d'eux et de leurs vacances.*

Valérie (Lille)
31 ans – danseuse

Pour moi, les vacances, c'est très important. Mais je ne pars pas souvent parce que ça coûte cher de partir. En général, je vais dans ma famille dans le sud de la France : ma mère et mes deux frères habitent à côté d'Aix-en-Provence. C'est très beau là-bas. J'aime beaucoup ! Je pars toujours en juin parce qu'en juillet et août, il y a trop de monde. Et en juin, je ne travaille pas. Je prends le train le matin, à Lille, et j'arrive dans l'après-midi à Aix, au soleil. C'est vraiment super ! Pendant les vacances, j'aime bien aller sur la plage, me baigner à côté d'Aix et me reposer. Mais j'adore aussi sortir le soir dans les bars ou en discothèque.

Nicolas (Troyes)
42 ans – fleuriste

Avec ma femme et mes deux filles, nous adorons faire du camping, en général au bord de la mer. Ma femme aime bien la Bretagne ; moi, je préfère la Provence. Cette année, nous sommes allés dans le Sud et nous avons visité Aix-en-Provence, Avignon… Nous voyageons toujours en voiture, c'est pratique et nous préférons partir en juillet. On aime bien aller à la plage, se baigner un peu, mais on préfère visiter des villes, des musées… Ça, c'est intéressant.

Points communs : ....

....

....

Différences : ....

....

....

ÉCRIRE

2 Portraits. Schreiben Sie, ähnlich wie in dem Artikel der Übung 1 (Seite 73), Porträts von Estelle und Romain.

Estelle	
+ +	le soleil, la cuisine étrangère, l'avion
+	faire beaucoup de photos
–	les vacances en France, en juillet/août

Romain	
+ +	la montagne, la nature, marcher
+	le camping, le sport
–	le bruit, partir en voiture

....

....

....

....

....

....

ÉCRIRE

3 Carte postale. Sie schreiben aus Ihrem Urlaub in Frankreich eine Postkarte an Freunde. Erzählen Sie auf Ihrer Karte etwas zu folgenden Aspekten: DELF

- Wo verbringen Sie Ihren Urlaub (Land, Meer, Berge ...)?
- Wie reisen Sie (Zug, Auto ...)?
- Wo übernachten Sie (Hotel, Freunde ...)?
- Was machen Sie in diesem Urlaub (Strand, Erholung, Besichtigungstouren, Sport ...)?
- Wie gefallen Ihnen Ihre Ferien?

ÉCRIRE

4 Comment ça s'écrit ? Ergänzen Sie *e*, *ê*, *é* oder *è*.

1 Ah bon, tu pr......f......res les vacances à la mer !

2 À quelle heure est-ce qu'elle se l......ve ?

3 Arr......te de r......ver, il faut travailler maintenant.

4 Nous pr......f......rons partir en avion.

5 Vous vous l......vez tard le matin ?

6 Oui, ils se prom......nent sur la plage.

À DEUX

5 Les vacances des jeunes. Was soll die Jugend im Urlaub alles dürfen? Ab welchem Alter würden Sie Jugendliche mit Freunden verreisen lassen? Wohin? Unter welchen Umständen? Führen Sie mit Ihrem Partner / Ihrer Partnerin ein Streitgespräch zu diesem Thema. Eine/r übernimmt die Rolle des Erwachsenen, der / die andere vertritt die Ansichten eines / einer Jugendlichen.

TRANSFERT

6 **Façons de dire : Loisirs et vacances**... Wie ist das Verhältnis von Arbeit und Freizeit? Welche Veränderungen gab es in den letzten Jahren/Jahrzehnten? Wie viel Zeit und Geld werden investiert? Warum? Schreiben Sie einen kurzen Text über die wachsende Bedeutung von Freizeit in unserer Gesellschaft.

....

....

....

....

....

SYSTÉMATISER

S1 **Grammaire : Des phrases.**
Bilden Sie aus den Elementen korrekte Sätze. Achten Sie auf die richtige Verbform (Zeit!) und die Verschmelzung des bestimmten Artikels.

1 Jérôme Leblanc / s'appeler / je : ....

2 je / vivre / Autriche / en / Salzbourg / à : ....

3 adorer / musique / le / j' / et / classique / la / sport : ....

4 j' / faire / aimer / de / le / ski / et : ....

5 à / mes / la / vacances / passer / toutes / je / montagne : ....

6 l' / je / se reposer / année / à / le / dernière / Canada : ....

S2 **Grammaire : Prépositions.** Ergänzen Sie die richtige Präposition und den bestimmten Artikel, wenn nötig.

1 des vacances : .... campagne, ... mer, ... montagne, ... ville

2 des vacances : .... Autriche, ... Suisse, ... Japon, ... étranger

3 partir : .... avion, ... bus, ... train, ... vélo, ... pied

4 prendre ses vacances : .... juillet, ... août, ... décembre

5 habiter : .... des amis, ... ses parents, ... son frère, ... Annie

Zu welchen Reihen können Sie Regeln formulieren?

LERNTIPP

Mit dem Wörterbuch arbeiten
Ihr Ziel sollte sein, eine Sache möglichst nur einmal nachzuschlagen. Neben der Bedeutung sollten Sie Ihr Augenmerk vor allem auf grammatikalische Besonderheiten richten: Bei Nomen sind z. B. das Geschlecht und die Pluralbildung wichtig, bei Verben die Konjugation, z. B. das *Passé composé* mit *avoir* oder *être*, die Konstruktion, mit der man das Verb benutzt (direktes Objekt, indirektes Objekt, Präposition, Infinitiv etc.) usw., bei festen Wendungen die richtige Präposition etc.
Notieren Sie sich die für Sie relevanten Informationen auf einem Kärtchen und ergänzen Sie jeweils einen Beispielsatz oder eine Wendung. Im Zusammenhang werden Sie das neue Wort sicher leichter behalten und Sie können es sofort wieder anwenden!

Unité 8 Tout le monde en parle

LEÇON 29 Enfant de la ville

VOCABULAIRE **1** **La famille.** Wer gehört zusammen? Ergänzen Sie die fehlenden Personen.

1 .... / la mère

2 le frère / ....

3 .... / la fille

4 .... / la femme

5 le grand-père / ....

6 les enfants / ....

VOCABULAIRE **2** **Mots mêlés.**

1 Suchen Sie die 15 versteckten Wörter (waagrecht und senkrecht). Ein Tipp: Alle Wörter sind Adjektive, mit denen man Personen beschreiben kann.

G	X	E	S	F	B	L	O	N	D	R
V	R	O	M	A	N	T	I	Q	U	E
U	T	R	A	N	Q	U	I	L	L	E
J	J	H	G	C	L	C	V	N	B	T
E	D	Y	N	A	M	I	Q	U	E	R
U	B	J	I	L	J	G	V	N	A	I
N	R	O	F	M	K	Q	C	B	U	S
E	U	L	I	E	P	E	T	I	T	T
P	N	I	Q	G	R	A	N	D	E	E
F	S	O	U	R	I	A	N	T	N	L
D	I	C	E	L	E	B	R	E	U	E

....

....

....

....

....

....

....

....

2 Verfassen Sie zwei kurze Personenbeschreibungen, in denen möglichst viele der 15 Adjektive vorkommen.

....

....

....

....

GRAMMAIRE **3** **Quel est le temps ?** Kreuzen Sie an, ob der Satz im *Présent* oder im *Passé récent* steht.

	Présent	Passé récent
1 Vous venez avec nous au cinéma ?	❑	❑
2 Son avion vient d'arriver.	❑	❑
3 Oui, ils viennent de téléphoner.	❑	❑
4 Vous venez comment ? En bus ?	❑	❑
5 Je viens de changer d'appartement.	❑	❑

GRAMMAIRE

4 Venir de... Antworten Sie mit „nein" und nennen Sie einen Grund dafür.

Exemple : *– Tu veux boire quelque chose ? → – Non merci, je viens de prendre un café.*

1 – Anne et Philippe, vous voulez un peu de gâteau ?

– ……………………………………………………

2 – Pardon, madame, je peux entrer dans la salle ?

– ……………………………………………………

3 – Est-ce que tes parents sont là ?

– ……………………………………………………

4 – Je vais au supermarché. Tu veux quelque chose ?

– ……………………………………………………

GRAMMAIRE

5 Autrefois... Vergleichen Sie früher (*autrefois*) und heute (*aujourd'hui*) und vervollständigen Sie die Sätze.

1 Aujourd'hui, on sort beaucoup le soir ; autrefois ……………………………

2 Aujourd'hui, on regarde souvent la télé ; autrefois ……………………………

3 Aujourd'hui, on part en vacances au Japon ; autrefois ……………………………

4 Aujourd'hui, on a des téléphones portables ; autrefois ……………………………

5 Aujourd'hui, on écrit des e-mails ; autrefois ……………………………

COMPRENDRE

6 Interview. Welche Fragen wurden der Person gestellt? Notieren Sie die Fragen, achten Sie dabei auf die Verbform (Zeit!).

1 – ……………………………………………………

– Quand j'étais petit ? J'habitais à Biarritz dans une maison au bord de la mer.

2 – ……………………………………………………

– Mon père était dentiste et ma mère ne travaillait pas.

3 – ……………………………………………………

– Je voulais être dentiste comme mon père.

4 – ……………………………………………………

– Je n'étais pas très calme et je n'aimais pas du tout aller à l'école.

5 – ……………………………………………………

– Non, j'avais seulement un ami. Il s'appelait Arthur.

6 – ……………………………………………………

– Oh oui, je me souviens, j'avais une voiture de police : elle faisait beaucoup de bruit.

7 – ……………………………………………………

– Je jouais un peu au foot à l'école mais, le sport, je n'aimais pas ça.

8 – ……………………………………………………

– J'aimais bien lire mais je préférais regarder la télé.

COMPRENDRE

7 **Vrai ou Faux ?** Kreuzen Sie die richtige Lösung an.

	Vrai	Faux
1 Elle était très célèbre. = Beaucoup de personnes la connaissaient.	❑	❑
2 Je passais des heures au cinéma. = J'allais très souvent au cinéma.	❑	❑
3 Je ne me souviens plus à quel âge. = Je ne sais plus à quel âge.	❑	❑
4 Je n'avais pas beaucoup de jouets. = Je ne jouais pas beaucoup.	❑	❑
5 J'étais souvent triste. = J'étais toujours très calme.	❑	❑
6 Mon grand-père et ma grand-mère = mes grands-parents.	❑	❑

INFO

La famille en France
En France, on retrouve les mêmes tendances que dans d'autres pays : moins de mariages, plus de divorces, plus de familles monoparentales et de familles recomposées, plus d'unions libres. Un record : Les fiancés sont plus âgés que les autres Européens au moment du mariage. Pour les gens qui ne peuvent pas se marier (p. ex. les couples homosexuels), il existe le PACS (pacte civil de solidarité). Le PACS donne aux couples pacsés les mêmes droits que le mariage aux couples mariés.

À DEUX

8 **L'enfance de Laure Manaudou.** Sammeln Sie zuerst noch einmal, was Sie über Laure Manaudou wissen. Die Informationen in der Leçon 16 des Lehrbuchs (S. 52/53) und des Arbeitsbuchs (S. 39) helfen Ihnen dabei. Denken Sie sich dann im Wechsel mit Ihrem Partner / Ihrer Partnerin aus, wie wohl die Kindheit von Laure Manaudou war, was sie gerne machte usw. Jede/r ergänzt die Geschichte um einen weiteren Satz.

TRANSFERT

9 **Façons de dire : Parler du passé et raconter des souvenirs d'enfance.** Sie erzählen etwas Vergangenes, von einem kurz zurückliegenden Ereignis oder von Gewohnheiten oder Zuständen in der Vergangenheit, z. B. in Ihrer Kindheit. Was sagen Sie auf Französisch?

1 Sie sind gerade aus dem Urlaub aus Spanien zurückgekommen. ....

....

2 Früher (*autrefois*) reiste man wenig ins Ausland. ....

....

3 Sie verbrachten in Ihrer Kindheit alle Ferien auf dem Land bei ihrer Großmutter. ....

....

4 Sie spielten gerne mit Freunden Fußball, lasen und zeichneten. ....

....

5 Aber als Sie sechs Jahre alt waren, wollten Sie noch Tänzer/in werden. ....

....

LEÇON 30 Fait divers

VOCABULAIRE

1 Champs de mots. Bilden Sie aus den neuen Wörtern der *Leçon* thematische Wortfelder. Sie können natürlich auch Wörter aus den vorangegangenen *Leçons* ergänzen.

1 le journalisme : ....

2 la voiture : ....

3 un accident : ....

4 un état d'esprit : ....

COMPRENDRE

2 Un accident. Bringen Sie den Dialog in die richtige Reihenfolge.

a Et la personne sur la moto, elle a été blessée ?

b Eh bien… Hier matin, sur l'autoroute, je n'ai pas pu m'arrêter et j'ai heurté une moto.

c Allô Saïd, c'est Richard. Comment ça va ?

d Tu roulais trop vite ?

e Bah… pas très bien. J'ai eu un accident de voiture hier.

f Non, non, je suis à la maison. Tout va bien.

g Oui, elle est allée à l'hôpital ; mais pour la journée seulement. Il n'y a pas de problème.

h Non, mais la route était glissante. Il pleuvait.

i Mais qu'est-ce qui s'est passé ?

j Ah bon ! Tu es blessé ?

1	2	3	4	5	6	7	8	9	10
....	....	j	....	....	....	....	....	....	....

GRAMMAIRE

3 Opinion. Beenden Sie die Sätze. Benutzen Sie dazu das *Imparfait* und denken Sie an die Angleichung des Adjektivs.

Exemple : *Nous avons mangé dans un restaurant japonais, hier soir ; (bon) ➜ c'était vraiment très bon.*

1 L'année dernière, je suis allé en juillet dans le sud de la France ; (trop chaud)

....

2 Hier, elles ont fait les magasins toute la journée ; (fatigué)

....

3 Quand j'avais vingt ans, j'ai rencontré un garçon ; (très beau)

....

4 Nous avons changé d'appartement ; (trop bruyant)

....

GRAMMAIRE

4 **Pourquoi est-ce qu'il n'est pas venu ?** Begründen Sie mithilfe der Zeichnungen, warum Bruno am Samstag nicht auf das Fest seiner Freunde gegangen ist.

Exemple : *Il n'est pas venu parce qu'il n'y avait plus de bus après 20 heures.*

1 ....

2 ....

3 ....

4 ....

COMPRENDRE

5 **Au voleur !**

1 Unterstreichen Sie die Verben im *Passé composé* und kreisen Sie die Verben im *Imparfait* ein. Überlegen Sie bei jedem Verb, warum es in dieser Zeitform steht (Geschehen/Ereignis, Umstände einer Handlung, Gewohnheit, Gemütszustand, andauernde Zustände in der Vergangenheit).

Un jour, au travail, on m'a volé mon porte-monnaie. C'était vers dix heures : J'avais une réunion à 10 heures 15 et j'ai quitté mon bureau pour aller à cette réunion. Mon porte-monnaie se trouvait dans mon sac. Après la réunion, je suis rentré dans mon bureau et j'ai continué mon travail. À midi, je voulais manger à la cantine, alors j'ai cherché mon porte-monnaie : il n'était plus là ! J'ai vidé (vider – *ausleeren*) mon sac plusieurs fois, j'ai demandé à mes collègues, mais je n'ai plus trouvé le porte-monnaie. Comme ça, j'ai perdu (perdre – *verlieren*) 130 euros et tous mes papiers…

2 Beantworten Sie die Fragen zum Text.

1 Wo und wann wurde der Geldbeutel gestohlen?

2 Hat jemand etwas bemerkt?

3 Was war im Geldbeutel?

ÉCRIRE

6 **Fait divers.** Verfassen Sie selbst eine kurze Zeitungsmeldung, z. B. über eine Veranstaltung, die Sie besucht haben, einen Unfall, den Sie miterlebt haben, oder Ähnliches.

....

....

....

....

....

....

....

....

....

À DEUX

7 **Un rêve.** Erzählen Sie sich gegenseitig einen Traum, der Ihnen im Gedächtnis geblieben ist. Achten Sie auf die Verwendung von *Passé composé* und *Imparfait*. Notieren Sie sich die wichtigsten Stichpunkte zum Traum Ihres Partners / Ihrer Partnerin und versuchen Sie, ihn aufzuschreiben. Tauschen Sie Ihre Notizen dann aus und korrigieren Sie sich gegenseitig. Achten Sie besonders auf die Zeitformen und besprechen Sie, warum Sie welche Zeit verwendet haben.

INFO

Bison Futé

Chaque automobiliste en France connaît Bison Futé (*schlauer Bison*). Vous aussi ? Il existe depuis 1975 et donne des informations sur la circulation : On peut écouter à la radio les conseils de Bison Futé et des infos sur la situation actuelle sur les routes en France (accidents, bouchons – *Staus*), mais on trouve aussi des cartes routières et des propositions de circuits sur internet ou dans les magasins spécialisés.

TRANSFERT

8 **Façons de dire : Rapporter un événement passé et décrire les circonstances de l'action.** Sie erzählen ein Ereignis aus der Vergangenheit und beschreiben auch die Umstände des Geschehenen. Was sagen Sie auf Französisch?

1 Gestern ist vor Ihrem Haus ein Unfall passiert.

....

2 Ein Motorrad konnte nicht anhalten und hat einen Mann angefahren.

....

3 Das Motorrad fuhr zu schnell … und dann überquerte der Mann die Straße, ohne (*sans*) zu schauen.

....

....

4 Außerdem war die Straße rutschig, weil es gerade geregnet hatte.

....

5 Es war schrecklich, aber Sie blieben ruhig und riefen die Polizei an.

....

LEÇON 31 Ma première histoire d'amour

GRAMMAIRE **1** **Premier amour.** Ordnen Sie die Wörter der passenden Form zu.

vacances / voiture / question / voyage / travail / jours / souvenirs / années / amie / chiffres / expériences / ami / fois / étage / leçons

premier	première	premiers	premières
....	....	....	....
....	....	....	....
....	....	....	....
....	....	....	....

GRAMMAIRE **2** **C'était quand ?** Vervollständigen Sie den Text mit *le, en, de… à, jusqu'en* und *plus tard.*

J'ai rencontré ma femme .... 1975. Ça s'est passé à la gare de Lyon ; elle allait à Nîmes et moi à Aix-en-Provence. Deux ans ...., notre première fille est née, ... 22 mai 1977 exactement. Je me souviens, nous habitions dans un tout petit appartement à Belleville. Et nous sommes restés dans cet appartement .... 1976 .... 1980. Après, nous avons habité à côté de République .... 1985 : notre deuxième fille est née quand nous étions dans cet appartement, ... 15 octobre 1982.

GRAMMAIRE **3** **Dans quel but ?** Überlegen Sie sich, zu welchem Zweck die Leute all das tun, und vervollständigen Sie die Sätze.

Exemple : *Elle est allée à Londres pour vivre dans une famille anglaise.*

1 Ils sont allés vivre à la campagne ....

2 J'écris à mes amies ....

3 Nous apprenons l'espagnol ....

4 Elles sont parties en vacances en Italie ....

GRAMMAIRE **4** **Orthographe du son [u] en finale.** Ergänzen Sie.

1 Va jusqu'au bou........ de la rue.

2 Il y a beaucou........ de monde.

3 Tou........ mes amis étaient là.

4 Regarde sou........ la table.

5 Non, je ne jou........ pas du tou........

6 Tu as rendez-vou........ à quelle heure ?

7 Je ne connais pas ses goû........

8 Je n'aime pas du tou........ faire du camping.

GRAMMAIRE

5 **Souvenez-vous !** *Passé composé* oder *Imparfait*: Ergänzen Sie die richtige Verbform.

– Qu'est-ce que tu .... (faire) la semaine dernière ?

– Avec ma femme, nous .... (prendre) une semaine de vacances. Je .... (vouloir) aller chez mes parents, dans le sud de la France. Mais nous .... (ne pas pouvoir) parce que ma femme .... (être) malade.

– Vous .... (rester) à Paris ?

– Oui. Et des amis .... (venir) à la maison. Ma femme .... (rester) au lit et, nous, nous .... (sortir).

Nous .... (aller) au musée d'Orsay et à Beaubourg.

C'.. (être) bien : il .... (ne pas y avoir) beaucoup de touristes et il .... (faire) beau.

ÉCRIRE

6 **Comme c'est bizarre !** Sie haben etwas Sonderbares beobachtet, was Sie nun aufschreiben. (Sie können dafür die angegebenen Elemente verwenden.) Wird Ihre Erzählung der Anfang eines kleinen Krimis?

....

....

....

....

....

....

> nuit, seul, ne pas pouvoir dormir, entendre du bruit, se lever, regarder par la fenêtre, deux hommes devant la maison avec un grand sac…

GRAMMAIRE

7 **Participes passés irréguliers.** Ergänzen Sie mit *naître, vivre, être* und *faire.*

1 Ma femme est .... à Fribourg et moi, je suis .... à Mulhouse.

2 Nous avons .... trois ans à Perpignan.

3 Nos enfants ont .... en vacances à Biarritz. Ils ont .... de la planche à voile.

À DEUX

8 **La vie de Jean-Paul Sartre.** Sie finden hier zwei Kurzbiographien zu Jean-Paul Sartre. Jeder Text enthält Informationen, die im anderen nicht enthalten sind. Diese sollen Sie gegenseitig erfragen und gemeinsam die Tabelle auf der nächsten Seite ausfüllen.

A

> **Jean-Paul Sartre** est né en … à Paris. Il a passé son enfance à … et à … ; il y est aussi allé à l'école. De 1924 à 1929, il a fait ses études de … et de … à Paris. Pendant ce temps-là, il a fait la connaissance de Simone de Beauvoir. Après ses études, il a travaillé comme professeur de philosophie jusqu'en 1944. Ensuite, il a travaillé comme … et comme journaliste : il écrivait des articles pour le journal « Combat », alors il a rencontré …, le fondateur de ce journal. En 1964, il a remporté le Prix Nobel pour son œuvre littéraire et dramatique, mais il a refusé le prix. Sartre est mort le 15 avril 1980 à … .

B

Jean-Paul Sartre est né le 21 juin 1905 à … . Il a passé son enfance et est allé à l'école à la Rochelle et à Paris. Il a fait des études de philosophie et de psychologie à l'École Normale Supérieure à Paris. Il a fait un séjour à Berlin et étudié les philosophes allemands (1933/1934). Il a été … dans des lycées divers (1931/1944), puis journaliste et écrivain (à partir de 1944/1945). Pendant ses études, il a rencontré … puis Albert Camus en 1944. Ses œuvres principales sont : La Nausée (1938), L'Être et le néant (1943), Huis clos (1944). Il a remporté en 1964 …, mais il l'a refusé. Il est mort le 15 avril …à Paris.

Naissance : ....

Enfance et école : ....

Études : ....

Séjour à Berlin : ....

Professions : ....

Rencontres : ....

Grandes œuvres : ....

Prix littéraire : ....

Mort : ....

INFO

L'existentialisme
Sartre, Beauvoir et Camus sont les trois grands noms de l'existentialisme en France. Beaucoup de leurs œuvres sont traduites en allemand. Lisez-les !

TRANSFERT

9 **Façons de dire : Situer des événements dans le temps, exprimer un but.** Sie ordnen Ereignisse zeitlich ein bzw. setzen sie in Bezug zueinander und geben an, zu welchem Zweck Sie etwas gemacht haben oder machen. Was sagen Sie auf Französisch?

Les mois de l'année	
janvier	juillet
février	août
mars	septembre
avril	octobre
mai	novembre
juin	décembre

1 Sie sagen, dass Sie bis 1998 nur in Europa waren, aber 1998 eine Reise nach China machten.

....

....

2 Eine Freundin von Ihnen lebte von April 1998 bis September 2002 in China.

....

....

3 1998 verbrachten Sie im Juli vier Wochen bei ihr, das war super!

....

....

4 Jetzt lernen Sie Chinesisch, um alleine nach China fahren zu können.

....

....

LEÇON 32 La 2CV…

COMPRENDRE **1** **Histoire d'amour.** Lesen Sie den Zeitungsartikel und kreuzen Sie die richtigen Antworten an.

Ils ont dit **oui**

Denise et Helmut se sont rencontrés en 1939, à Baden-Baden. Ils avaient alors 16 ans. Ils viennent de se marier… 63 ans plus tard.

Tout a commencé en août 1939. Denise Marcoux venait d'avoir 16 ans et était en vacances chez une amie à Baden-Baden, en Allemagne. Là, elle a rencontré chez la sœur de son amie un jeune Allemand, grand, blond, très beau. Il s'appelait Helmut, Helmut Böhm. Pendant une semaine, ils ne se sont plus quittés. Huit jours plus tard, Denise est rentrée dans sa famille en France, à côté de Colmar ; et puis il y a eu la guerre. Et Denise et Helmut ne se sont plus revus… jusqu'en 1999. Le 15 septembre 1999, Denise a eu une grande, une très belle surprise.

Ce jour-là, elle a entendu au téléphone : « Bonjour, je m'appelle Helmut Böhm. Est-ce que vous vous souvenez de moi ? » Une semaine plus tard, Denise et Helmut dînaient ensemble et se racontaient leur vie : elle a quatre enfants, elle est la grand-mère de douze petits-enfants et son mari est mort en 1985 ; lui, il a une fille, trois petits-enfants et sa femme est morte en 1997. En 2001, Helmut est venu vivre avec Denise à Colmar. Et, samedi dernier, les deux amoureux se sont dit oui pour la vie devant toute leur famille.

Infos matin, 15 novembre 2002.

	Vrai	Faux
1 Denise et Helmut se sont mariés à 63 ans.	❑	❑
2 En 1939, ils se sont rencontrés seulement une fois.	❑	❑
3 Elle fête son anniversaire le 15 septembre.	❑	❑
4 En 1999, elle a téléphoné à Helmut.	❑	❑
5 Ils ont eu tous les deux des enfants.	❑	❑
6 Denise a quitté Colmar pour aller vivre en Allemagne.	❑	❑
7 Ils se sont mariés en novembre 2002.	❑	❑

COMPRENDRE **2** **Cartes postales.** Théo hat zwei Postkarten geschrieben, eine an seine Eltern, eine zweite an einen Freund. Bringen Sie beide Karten in die richtige Reihenfolge.

a Salut Antoine,

b Chère maman, cher papa,

c Comment allez-vous ?

d Tu vas bien ?

e Je suis en ce moment à Cambridge pour apprendre l'anglais.

f Je suis bien arrivé à Cambridge et les cours sont très intéressants.

g Je suis arrivé dimanche et, lundi soir, je suis allé à une fête chez un copain ; c'était super !

h J'ai déjà appris beaucoup de mots en anglais.

i Hier, il y avait une fête à l'école mais je suis resté dans ma famille d'accueil pour travailler.

j Il y avait de la très bonne musique.

k Le soir, je me couche assez tôt, vers neuf heures et demie en général.

l J'ai rencontré une fille : elle s'appelle Jessica, elle est très sympa… et très jolie.

m Je te raconte tout dans deux semaines, à Paris.

n Je vous téléphone bientôt.

o Salut.

p Bises.

1	2	3	4	5	6	7	8
a	……	……	……	……	……	……	……

1	2	3	4	5	6	7	8
b	……	……	……	……	……	……	……

ÉCRIRE

3 **Album souvenir.** Schreiben Sie an eine/n Freund/in aus Ihrer Kindheit, um ihn / sie zu Ihrer Hochzeit einzuladen. Erzählen Sie in Ihrem Brief von Natacha, Ihrer Verlobten. (Wo und wann haben Sie Natacha getroffen? Was haben Sie zusammen gemacht?) DELF

22 janvier – anniversaire de Félix : notre rencontre

29 janvier premier dîner avec Natacha

14 février week-end à Paris

juillet – vacances à Saint-Tropez

25 novembre – notre maison

....

....

....

....

....

....

....

....

Cédric

À DEUX

4 **Les symboles de votre pays.** Überlegen Sie gemeinsam mit Ihrem Partner / Ihrer Partnerin, welche Symbole für Ihr Land stehen (benutzen Sie ggfs. ein Wörterbuch). Wählen Sie drei aus, die Sie den anderen im Kurs vorstellen. Gibt es Übereinstimmungen?

TRANSFERT

5 **Façons de dire : Votre symbole préféré.** Schreiben Sie einen Kurztext über den Gegenstand, der Ihrer Meinung nach Ihr Land am besten symbolisiert. Recherchieren Sie, falls nötig, einige Fakten (vgl. Lehrbuch, S. 95/5, Stichpunkte zum Eiffelturm).

....

....

....

SYSTÉMATISER

S1 Grammaire : Passé composé ou imparfait.

Ergänzen Sie die angegebenen Verben in der richtigen Form. Überlegen Sie zunächst, was das Verb in der Vergangenheit beschreiben soll: ein Ereignis, einen Zustand, eine Gewohnheit usw.

1 J'.. (être) à la fenêtre quand l'accident .... (se passer).

2 De 1990 à 1999, Jean .... (vivre) à Londres parce que sa femme y .... (travailler).

3 Dans son enfance, Gilles .... (avoir) deux chiens.

4 Quand nous .... (être) jeunes, nous .... (sortir) tous les week-ends.

5 Mon premier amour .... (s'appeler) Christine. Elle .... (être) blonde et tellement belle ! J'.. (être) très très amoureux d'elle, mais elle ne le .... (remarquer – *bemerken*) pas !

S2 Lire : compréhension globale. In welcher Anzeige geht es um ein Restaurant?

Venez au Mont d'or !

Cocktails, musique et danse non-stop de 18 h à 3 h !

4, rue de la Montagne

Nouveau ! Nouveau ! Nouveau !

Essayez les spécialités égyptiennes chez **Ramsès** !
Et votre soirée chez vous sera excellente !
Commandez par tél.
01.89.45.23.34

Surprise-party

à la **Rose rouge**

Buffet chinois à 10 euros/personne !
Et on vous offre un petit cadeau !
Lundi, 16 octobre, à partir de 19 heures
65, rue Victor Hugo

LERNTIPP

Leseverstehen: global

Bei globalem Leseverstehen geht es nur darum, sich einen Überblick über einen Text zu verschaffen und nicht darum, die Details zu erfassen. Typische Fragen, die Sie sich stellen können, sind z. B.: Worum geht es? Was ist die Hauptaussage? Hat der Text eine Überschrift, was besagt sie? So bekommen Sie einen Überblick. Achten Sie auch auf formale Kennzeichen, die Ihnen Hinweise auf die Textsorte (Anzeige, Zeitungsartikel, Gedicht usw.) und damit auch auf den Inhalt geben können. Suchen Sie nach den Schlüsselwörtern – sie verraten Ihnen meist das Thema des Textes –, diese finden Sie z. B. oft in der Überschrift. Lesen Sie den Text einmal quer: So können Sie das wichtigste Thema/Wortfeld erkennen. Und wenn möglich: Aktivieren Sie Ihr Vorwissen! Wenn es z. B. in der Arbeitsanweisung einen inhaltlichen Hinweis gibt (hier z. B. „Restaurant"), überlegen Sie, was Ihnen dazu an Wortschatz einfällt und auch an „Allgemeinwissen" (hier bedeutet z. B. „Restaurant" „außer Haus essen" usw.). Viel Erfolg!

LEÇON 33 Beau fixe

VOCABULAIRE **1** **Mots croisés.** Finden Sie die Wörter zum Thema Wetter und tragen Sie sie in das Rätsel ein.

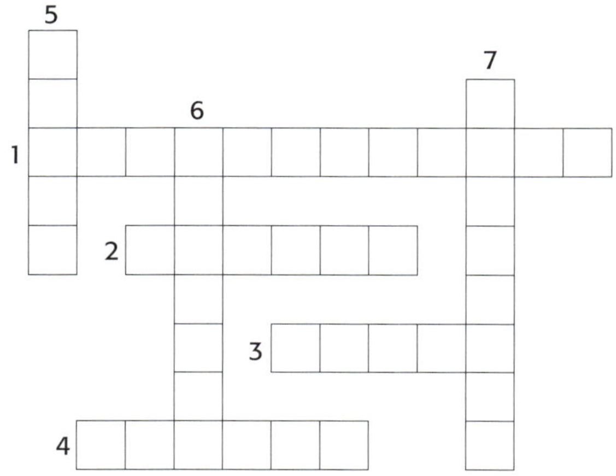

Et maintenant la .... (5) présentée par Catherine Lebord. Demain, pas de chance, il .... (6) sur tout l'ouest de la France et il ne fera pas très chaud, le matin : les .... (1) seront de 3 .... (2) à Rennes, 5 à Nantes et 7 à Biarritz. Au nord et à l'est, vous aurez des .... (4) le matin mais, très vite, vous aurez aussi de la .... (3). Les .... (1) seront entre 1 et 5 .... (2). Dans le sud-est, le soleil .... (7) toute la journée mais attention, la .... (3) arrivera jeudi, là aussi.

COMPRENDRE **2** **Quelle est la météo à Lille pour demain ?** Lesen Sie die drei Wetterberichte und sehen Sie sich die Karte in Übung 3 an. Welcher Wetterbericht passt dazu?

1 ❑ Pas de chance, demain. Vous verrez certainement un peu le soleil le matin mais, très vite, les nuages et la pluie arriveront. Et les températures resteront toute la journée au-dessous de sept degrés.

2 ❑ Demain, vous verrez peut-être un peu de nuages mais, en général, vous aurez un beau soleil le matin et l'après-midi. Les températures, elles, seront entre huit et douze degrés.

3 ❑ Il fera mauvais temps, demain ! Toute la journée, vous aurez des nuages, vous ne verrez pas beaucoup le soleil et il fera seulement neuf degrés.

ÉCRIRE **3** **Bulletin météo.** Heute ist der 1. Dezember … Sehen Sie sich die Wetterkarte an und verfassen Sie den Wetterbericht für Frankreich für den morgigen Tag.

....

....

....

....

....

....

....

....

....

GRAMMAIRE

4 Quel verbe ? Notieren Sie den Infinitiv, der sich hinter der Futurform „versteckt".

1 vous sortirez : ....

2 on verra : ....

3 elles s'arrêteront : ....

4 je vendrai : ....

5 tu viendras : ....

6 il ira : ....

7 nous aurons : ....

8 vous pourrez : ....

GRAMMAIRE

5 Lin-Ning Chen au festival de Cannes. Lesen Sie den folgenden Zeitungsartikel vom 9. Mai und schreiben Sie ihn so um, wie er am 7. Mai in *Sud-Infos* gestanden haben könnte.

Sud-Infos

9 mai

La très célèbre actrice chinoise Lin-Ning Chen est arrivée hier matin à Cannes. Elle est allée directement de l'aéroport à l'hôtel Martinez et, un peu plus tard, elle a répondu aux questions des journalistes. Elle a ensuite fait des photos sur la terrasse de l'hôtel.

Hier après-midi, elle a vu deux films au Palais des festivals et, le soir, nous avons pu voir son dernier film, *Shanghai, mon amour...*

La très célèbre actrice chinoise Lin-Ning Chen ....

....

....

....

....

....

PHONÉTIQUE

6 Graphie des voyelles nasales.

1 Kreisen Sie die Buchstaben ein, die einen Nasalvokal darstellen.

Exemple : Maman est-ce qu'on a du pain pour ce midi ?

1 Un copain m'a donné un livre important sur la grammaire française.

2 La femme d'Antoine Moulin est autrichienne ; elle vient de Vienne.

3 Demain, c'est l'anniversaire de mon grand-père, il aura quatre-vingt-cinq ans.

4 La cuisine du restaurant colombien est bonne.

5 Anne et Marie apprennent l'italien dans une école privée à Milan.

2 Welche Schreibungen für die Nasalvokale gibt es? Wann wird der Vokal trotz darauf folgendem *m* oder *n* nicht nasaliert?

COMPRENDRE

7 **Vous êtes sûrs ?** Welche Antwort passt zu welcher Frage? Ordnen Sie zu.

1 Tu crois qu'elle m'écrira ?
2 Je suis sûr que Mélanie ne viendra pas à la fête.
3 Vous pourrez venir avec nous ?
4 Tu es certaine qu'ils auront les billets pour ce soir ?
5 Est-ce que tu auras le temps de faire les courses ?

a Non, on sera à Grenoble à ce moment-là.
b Oui, j'irai certainement après mes cours.
c Je n'en suis pas sûr. Mais, elle téléphonera peut-être…
d Oui, c'est sûr. Ils les achètent cet après-midi.
e Mais ne t'inquiète pas ! Tu verras, elle sera là.

1	2	3	4	5
……	……	……	……	……

À DEUX

8 **C'est probable ou certain ?** Es geht um die Einschätzung Ihres Partners / Ihrer Partnerin zu bestimmten Sachverhalten. Erfragen Sie gegenseitig, was er / sie für wahrscheinlich oder sicher hält. Achten Sie bei der Frage auf die richtige Verbform (Futur), verwenden Sie verschiedene Redewendungen aus der *Leçon* und begründen Sie Ihre Antwort. Vervollständigen Sie zuerst Ihr Kärtchen mit Ihren Einschätzungen (*sûr, certain, probable, peu probable* usw.).

Exemple : *A : Est-ce que vous aurez un e-mail aujourd'hui ?*
B : J'en suis sûr parce que, normalement, j'ai cinq ou six e-mails par jour.

A	moi	B
avoir un e-mail aujourd'hui		
faire du sport le week-end prochain		
sortir samedi soir		
rencontrer des amis cette semaine		
aller à l'étranger cette année		
pleuvoir demain		

B	moi	A
avoir un e-mail aujourd'hui		
faire du sport le week-end prochain		
sortir samedi soir		
rencontrer des amis cette semaine		
aller à l'étranger cette année		
pleuvoir demain		

INFO

Le temps
N'oubliez pas que **le temps** peut être en français chronologique (= *die Zeit*) ou météorologique (= *das Wetter*). Les Français adorent **parler de la pluie et du beau temps** (= *über Gott und die Welt reden*). Comprenez-vous le sens des expressions suivantes : *un temps de chien, un froid de canard, être esclave du temps, prendre tout son temps* ? Aidez-vous d'un dictionnaire !

TRANSFERT

9 **Façons de dire : Parler du temps qu'il fera (exprimer une prévision, une probabilité ou une certitude).** Sie plaudern mit einer Bekannten über das Wetter und planen mit ihr die Woche. (Sie sagen dabei etwas vorher und drücken aus, dass etwas wahrscheinlich oder auch sicher ist.) Was sagen Sie auf Französisch? Benutzen Sie diese Stichwörter.

1. Bei Ihnen / bis Mittag / Sonne – 2. dann / Wolken / vielleicht ein bisschen Regen. – 3. Regenschirm mitnehmen – 4. nicht kalt *(froid)* / 20 Grad – 5. ganz sicher / Wetter am nächsten Wochenende schön / Rad fahren können

LEÇON 34 Projets d'avenir

GRAMMAIRE

1 Passé, présent ou futur ? Kreuzen Sie an, ob der Satz in der Vergangenheit, der Gegenwart oder der Zukunft spielt.

	Passé	Présent	Futur
1 Elle vient de partir.	❑	❑	❑
2 Ils arrivent dans deux heures.	❑	❑	❑
3 Son train va bientôt arriver.	❑	❑	❑
4 Mais qu'est-ce que tu as fait ?	❑	❑	❑
5 Il n'y avait plus de bus !	❑	❑	❑
6 Ils ne pourront pas venir avec nous.	❑	❑	❑
7 Vous allez à la plage ?	❑	❑	❑
8 Elle part demain matin.	❑	❑	❑

GRAMMAIRE

2 Qu'est-ce qu'ils vont faire ? Bilden Sie mithilfe der Zeichnungen einen Satz, wie im Beispiel vorgegeben.

Exemple : *Il va avoir un accident.*

1

2

3

4

1 ....

2 ....

3 ....

4 ....

GRAMMAIRE

3 **Passé récent ou futur proche ?** Ergänzen Sie die passende Form von *venir de* oder *aller*.

1 Il est à l'hôpital. Il .... avoir un accident.

2 Allez, vite ! Ils .... bientôt arriver.

3 Tu n'as plus de travail ! Mais qu'est-ce que tu .... faire ?

4 Ah, c'est trop tard, monsieur. Le train pour Lille .... partir.

5 Et après le bac, elle .... aller dans quelle école ?

6 Ils sont à l'aéroport, leur avion .... arriver dans cinq minutes.

COMPRENDRE

4 **Rendez-vous.** Bringen Sie den Dialog in die richtige Reihenfolge.

a Je ne suis pas sûr parce que je serai à Paris pour le travail, à ce moment-là.

b Oh ! là, là ! On va d'abord se reposer, se baigner et s'amuser. Et après, on visitera certainement l'île. On verra.

c Merci. Et à bientôt.

d Oui, oui, après, je serai là à partir du 15.

e Ah oui ? C'est bien ça ! Et qu'est-ce que vous allez faire sur place ?

f Allô Jérôme, c'est Aurélien. Tu vas bien ?

g Dans trois semaines. On pourra peut-être dîner ensemble juste après, non ?

h Ok. Passe de bonnes vacances.

i Et après Paris, tu reviens à Limoges ?

j Ah oui, super bien. Je suis en vacances et je pars demain avec deux copains à l'île Maurice.

k Bon, eh bien, je t'appellerai le 16. D'accord ?

l Et quand est-ce que tu rentres ?

1	2	3	4	5	6	7	8	9	10	11	12
....	....	....	....	....	....	....	....	....	....	....	....

ÉCRIRE

5 **Voyage dans le temps.**

1 Ordnen Sie die Zeitangaben von der Vergangenheit zur Zukunft.

le mois dernier – l'année prochaine – demain – avant-hier – dans cinq jours – un jour peut-être – hier – l'année dernière – le mois prochain – après-demain – la semaine dernière

....

.... *aujourd'hui,* ....

....

2 Eine Zeitreise: Lassen Sie Ihrer Fantasie freien Lauf und reisen Sie im Geiste in die Zukunft. Beschreiben Sie, wie Sie sich die Welt dann vorstellen. Verwenden Sie dazu das *futur simple*.

....

....

....

....

....

....

....

....

INFO

L'avenir ?

Pendant votre voyage dans le temps, vous rencontrerez peut-être des ovnis avec des extraterrestres. Vous ne connaissez pas l'abbréviation **OVNI** ? Ce sont des **o**bjets **v**olants **n**on-**i**dentifiés (*Ufos*). Vous en trouverez beaucoup dans un genre très français : la **BD** (**bande dessinée –** *Comic*) de science-fiction. Des auteurs célèbres sont par exemple Philippe Buchet, Jean-Claude Mézières ou Moebius (Jean Giraud). Chaque année, un grand festival international de science-fiction, « Utopiales », a lieu à Nantes ; on y décerne des prix dans différentes catégories, dont le cinéma, la littérature, arts graphiques / plastiques et… la BD !

COMPRENDRE

6 Vous aurez…

1 Um was für eine Textsorte handelt es sich hier? Ist die Aussage des Textes positiv oder negativ?

> Vous réussirez dans votre projet le plus important, mais il faudra travailler beaucoup pour le succès. Il y aura un grand problème : prenez votre temps pour en découvrir la solution. Vous la trouverez ! Attention à votre santé : Faites du sport et ne buvez pas d'alcool !

2 Verfassen Sie selbst einen derartigen Text, der zu Ihrem Tag oder Ihrer Woche passt.

……………………………………………………………………………………………………

……………………………………………………………………………………………………

……………………………………………………………………………………………………

……………………………………………………………………………………………………

À DEUX

7

Projets d'avenir en français. Planen Sie ein Abschlussfest zum Ende des Buches. Überlegen Sie im Kurs, was Sie dafür brauchen, welche Darbietungen interessant wären, was Sie gerne essen und trinken würden usw. Machen Sie eine Liste der anfallenden Aufgaben, in die sich jede/r Kursteilnehmer/in einträgt. Viel Spaß bei der Vorbereitung!

TRANSFERT

8

Façons de dire : Évoquer des projets (exprimer une intention, situer des activités dans le temps). Sie machen Pläne, drücken Ihr Vorhaben aus und situieren Ihre Pläne und Aktivitäten zeitlich. Was sagen Sie auf Französisch?

1 Zuerst gehen Sie mit dem Hund hinaus und lesen dann die Zeitung. ……………………………………

……………………………………………………………………………………………………

2 Morgen hören Sie um 15 Uhr auf zu arbeiten, weil Sie noch einen Termin beim Zahnarzt haben. ……………

……………………………………………………………………………………………………

3 Nächsten Sonntag hat eine Freundin Geburtstag, Sie machen ihr einen Kuchen. ……………………………

……………………………………………………………………………………………………

4 In zwei Jahren verlassen Sie die Firma und gehen in Rente ……………………………………………

……………………………………………………………………………………………………

LEÇON 35 Envie de changement

VOCABULAIRE

1 La chambre, la salle ou l'appartement ? Ergänzen Sie.

.... à coucher	.... à manger	.... à vendre
.... de bains	.... d'enfants	.... à louer
.... d'attente	.... de bonne	.... de séjour

GRAMMAIRE

2 Il y a des choses intéressantes à voir ! Bilden Sie Sätze, wie im Beispiel vorgegeben.

Exemple : aller à Paris – monter à la tour Eiffel ➜ Quand ils iront à Paris, ils monteront à la tour Eiffel.

1 visiter Rome – voir le Colisée

....

2 être à Londres – prendre un verre dans un pub

....

3 passer par Madrid – déjeuner sur la Plaza Mayor

....

4 arriver à New York – faire le tour de l'île de Manhattan en bateau

....

5 faire un voyage à Prague – se promener sur le pont Charles

....

6 se rencontrer à Munich – aller ensemble au Lac de Starnberg

....

GRAMMAIRE

3 Avec des si. Ergänzen Sie die richtige Verbform.

1 S'il .... (faire) beau ce week-end, on .... (aller) à la campagne pour faire des travaux dans notre maison.

2 Si Paul et Céline .... (avoir) assez de temps, ils .... (partir) avec nous.

3 Si nous .... (travailler) toute la journée, nous n'.................................... (avoir) plus envie de faire la cuisine le soir. Nous .... (manger) au restaurant.

4 Si nous .... (réussir) à installer la cheminée, nous .... (ouvrir) une bouteille de champagne.

5 Et si les travaux .... (être) finis le jour de mon anniversaire, nous .... (faire) une fête à la maison et .... (inviter) nos amis et nos nouveaux voisins !

6 Si je .... (terminer) tôt demain j'.................................... (acheter) les cadeaux de Noël.

GRAMMAIRE

4 Méli-mélo. Bilden Sie inhaltlich sinnvolle und grammatikalisch korrekte Sätze, indem Sie die Wörter in die richtige Reihenfolge bringen.

1 retraite – et – nous – quand – ici – Michel – nous – à – bateau – partirons – la – sera – d'– achèterons – un

....

2 ensemble – avez – au – si – peut-être – le – aller – cinéma – pourra – on – temps – vous

....

3 dix-huit – mais – tu – voiture – quand – avant – auras – pas – prendre – pourras – ans – tu – ma

....

4 habiter – vous – maintenant – si – décembre – la – vous – travaux – en – maison – pourrez – commencez – les

....

5 famille – Strasbourg – reviendrons – dans – en – ils – quand – nous – vacances – leur – de – seront

....

GRAMMAIRE

5 Le verbe changer.

1 Sehen Sie sich die beiden Sätze an. Was fällt Ihnen an der Konstruktion auf? Vergleichen Sie auch die deutsche Bedeutung von *changer* in den beiden Sätzen.

1 Le 1er janvier, nous changerons d'appartement ; nous irons à l'étranger.

2 Il faudra changer la couleur de la cuisine : elle est rose !

2 Haben Sie eine Vermutung, wie die folgenden Ausdrücke mit *changer* korrekt heißen?

1 changer .... vêtements

2 changer .... meubles du salon

3 changer .... projets

4 changer .... train

ÉCRIRE

6 Envie de changement ? Was möchten Sie in Ihrem Leben ändern? Denken Sie nach und nehmen Sie sich zwei Dinge vor, die Ihnen wichtig sind: etwas, was nur unter bestimmten Bedingungen eintreffen wird (= mit *si*) und etwas, dessen Realisierung nur noch eine Frage der Zeit ist (mit *quand*).

....

....

....

....

....

....

....

....

....

....

PHONÉTIQUE

7 Les voyelles arrondies [y] et [u].

1 Ordnen Sie die Wörter der richtigen Spalte zu. Einige bleiben übrig.

amoureux · le baccalauréat · beau · bon · la bouche · le bulletin · chaud · l'erreur · ouvrir · pleuvoir · réussir · sûr · typique · les travaux · le vélo

[y]	[u]	[ø]	andere Laute

2 Welche Schreibweise(n) gibt es für die Laute?

[y] .... [u] .... [ø] ....

INFO

Les Français – beaucoup de petits propriétaires
Plus de la moitié des Français (56 %) possèdent des maisons individuelles. Le nombre moyen des pièces qu'on habite n'a pas changé dans les trente dernières années, mais on occupe maintenant plus de place (en m^2) : Les pièces sont devenues plus grandes et il y a moins de personnes dans le même nombre de pièces. Les Français achètent en majorité des maisons anciennes (env. 75 % des achats), c'est peut-être « l'envie de changement » ? Car les Français adorent le bricolage et sont les spécialistes du **Système D** (D comme **Débrouillez-vous !** – *Finden Sie sich selbst zurecht*) !

À DEUX

8 Le jeu des si.

Le jeu des si. Denken Sie sich gemeinsam eine Geschichte – wie im folgenden Beispiel angedeutet – aus, indem Sie mit Hypothesen spielen. Ihrer Fantasie sind keine Grenzen gesetzt! Aber Achtung bei den Verbformen im Haupt- und Nebensatz!

Exemple : A : ***Si Christian n'aime plus Berlin, …***
B : *Si Christian n'aime plus Berlin, il cherchera du travail à Vienne.*
Et s'il cherche du travail à Vienne, …
A : *S'il cherche…*

TRANSFERT

9 Façons de dire : Évoquer des projets (exprimer une intention, une condition).

Sie machen Pläne und drücken Ihre Vorhaben bzw. Bedingungen aus. Was sagen Sie auf Französisch?

1 Sie fragen, unter welcher Bedingung Sie das Haus mieten können.

....

2 Sie sind sich sicher: Wenn Sie in Rente sein werden, werden Sie auf dem Land leben.

....

3 Wenn Sie genug Geld haben, werden Sie sich ein Auto kaufen.

....

4 Falls Sie im November Urlaub haben, werden Sie nach Australien (*l'Australie*) fahren. ....

....

LEÇON 36 Le pain, mangez-en !

COMPRENDRE

1 Dans dix ans…

1 Lesen Sie die vier Aussagen und ordnen Sie jede Aussage einem Foto zu.

Vous vous imaginez comment dans dix ans ?

a Dans dix ans ? J'aurai mon bac et je travaillerai, bien sûr. Je m'imagine assez bien dans une banque ou quelque chose comme ça. Et puis j'aurai certainement une femme et des enfants…

b Moi, j'aurai des cheveux blancs et je serai certainement grand-père pour la cinquième ou sixième fois. Je passerai mes journées dans mon jardin ou bien devant un livre. Et je crois bien que je raconterai des histoires à mes petits-enfants.

c Mes deux filles auront dix-huit et vingt et un ans et n'habiteront peut-être plus à la maison. Avec ma femme, on pourra alors aller plus souvent au cinéma, au théâtre, au restaurant… Mais ce n'est pas pour tout de suite.

d J'aurai trente-sept ans et je suis certain que j'habiterai à l'étranger. Peut-être au Maroc. J'aime quand il fait chaud et, ici, il pleut tout le temps… Oui, ça c'est sûr : si je peux, je vivrai au soleil.

1 ……………………

2 ……………………

3 ……………………

4 ……………………

2 Et vous ? Was glauben Sie: Wie sieht es bei Ihnen in zehn Jahren aus?

……………………………………………………………

……………………………………………………………

……………………………………………………………

……………………………………………………………

ÉCRIRE

2 **À la retraite.** Sie sind gerade in Rente gegangen und haben viele Pläne. DELF
Schreiben Sie einem Freund / einer Freundin und erzählen Sie ihm / ihr von Ihrer neuen Lebenssituation und Ihren Zukunftsplänen. Laden Sie ihn / sie ein, Sie zu besuchen.

....

....

....

....

....

ÉCRIRE

3 **Comment ça s'écrit ?**

1 Ergänzen Sie *e*, *è*, *ê* oder *ai*.

1 Qu'est-ce que tu ach.........tes pour son anniv.........rs.........re ?

2 Son p.........re a pris sa retr.........te.

3 Je me suis b.........gné cette sem.........ne.

4 On ira peut-.........tre à la f.........te, on ne s.........t pas.

5 Ma m.........re est partie se reposer à la m.........r.

2 Welcher Laut wird durch die vier unterschiedlichen Schreibungen wiedergegeben? Kreuzen Sie an.

❑ [e] ❑ [ɛ] ❑ [ɛ̃]

3 Finden Sie in den Sätzen 1 – 5 die zwei Wörter ohne Lücke, in denen der Laut auch vorkommt?

À DEUX

4 **Les habitudes alimentaires dans votre pays.** Denken Sie gemeinsam mit Ihrem Partner / Ihrer Partnerin über die Ernährungsgewohnheiten in Ihrem Land nach. Vergleichen Sie Ihre Ergebnisse mit Ihrem Wissen über Frankreich. Was ist ähnlich, was ist unterschiedlich? Schreiben Sie gemeinsam einen kurzen Artikel, in dem Sie die wesentlichen Unterschiede festhalten.

TRANSFERT

5 Façons de dire. Comment continuer à apprendre le français ? Ihr Französisch-Lehrbuch geht nun zu Ende. Wie soll es weitergehen, möchten Sie Ihre Kenntnisse erweitern bzw. vertiefen? Sammeln Sie Ideen, was Sie nach Ende Ihres Kurses allein oder mit anderen zusammen machen könnten, um Ihr Französisch lebendig zu halten. Schreiben Sie Ihre „guten Vorsätze" auf ein großes Blatt Papier und hängen Sie es gut sichtbar auf, damit Sie immer wieder daran erinnert werden! Viel Spaß und viel Erfolg weiterhin!

SYSTÉMATISER

S1 Grammaire : *si* ou *quand*. Vervollständigen Sie die Sätze.

1 .... le cours de français sera terminé, je m'inscrirai au cours suivant.

2 Hanna s'inscrira au cours suivant .... elle a assez de temps.

3 .... nous avons de la chance, nous changerons vite d'appartement.

4 Mon amie m'offrira un dîner dans un restaurant arabe .... ce sera mon anniversaire.

5 .... est-ce que tu as rencontré Michel ?

6 Im Satz mit .... steht nie Futur!

S2 Lire : Compréhension sélective. Beantworten Sie die Fragen. Einige Wörter im Text kennen Sie nicht, aber das wird Ihnen keine Schwierigkeiten machen. Konzentrieren Sie sich darauf, nur die relevanten Informationen herauszufinden.

LE CONCOURS DES « MEILLEURS JEUNES BOULANGERS DE FRANCE »
Ce concours existe en France depuis 1981. Il a lieu chaque année au mois de novembre. Les participants sont des jeunes hommes et femmes de moins de 21 ans et qui ont déjà, par exemple, un CAP boulanger. Le concours dure huit heures et il y a quatre choses à faire : un pain de consommation courante de tradition française, des pains spéciaux (p. ex. le pain de campagne), de la viennoiserie (croissants, brioches etc.) et le travail sur pâte morte. Le jury donne une note à chaque produit. Les deux meilleurs candidats participent au « Concours International des Meilleurs Jeunes Boulangers ».

1 Depuis quand est-ce que le concours existe ? ....

2 Combien de temps est-ce qu'il dure ? ....

3 Les participants ont quel âge ? ....

4 Combien de notes est-ce qu'on donne aux participants ? ....

5 Qui participe au concours international ? ....

LERNTIPP

Leseverstehen: selektiv
Bei selektivem Leseverstehen geht es darum, aus einem Text einzelne Informationen zu entnehmen. Bevor Sie an den Text gehen, sollten Sie z. B. anhand der Textüberschrift überlegen, was Sie zum Thema des Textes wissen. Damit aktivieren Sie inhaltliches und sprachliches Vorwissen, z. B. Wortschatz, zugleich. Bei der Suche nach Einzelinformationen sollten Sie auf die Schlüsselwörter der einzelnen Fragestellungen achten. Diese Schlüsselwörter bzw. Synonyme oder Wörter aus dem Themenbereich finden Sie im Text wieder und damit die für die Fragen relevanten Textstellen. Dann ist die Beantwortung kein Problem mehr! Und so können Sie bereits am Ende von ***Le Nouveau Taxi ! 1*** viele Texte „knacken", an die Sie sich auf den ersten Blick u. U. nicht so richtig rangetraut hätten! **Bon courage !**

Wortschatz nach Lektionen

In der nachfolgenden Liste werden alle neuen Wörter einer Lektion in chronologischer Reihenfolge und mit ihrer deutschen Übersetzung im jeweiligen Zusammenhang angegeben. Dabei werden auch grammatische Fachausdrücke und Wörter berücksichtigt, die in den Titeln der *Unités*, im *Savoir-faire* und in der *Évaluation* neu erscheinen.

Die Bildung der weiblichen Form erfolgt auf drei Arten:
a) indem an die männliche Form ein einfaches *e* angehängt wird (récent/e = récent/récente),
b) indem der letzte Buchstabe verdoppelt und dazu ein *e* angehängt wird (ancien/ne = ancien/ancien**ne**),
c) indem die männliche Endung durch eine weibliche ersetzt wird (vendeur/-euse; étranger/-ère = vend**eur**/vend**euse**; étrang**er**/étrang**ère**).
Die weibliche Form eines Adjektivs ist nur angegeben, wenn sie wie unter b) oder c) gebildet wird.

Folgende Abkürzungen werden verwendet:

Abk	Abkürzung	*jdm*	jemandem	*qn*	quelqu'un (= jemand/en)
Art	Artikel	*jdn*	jemanden	*ugs*	umgangssprachlich
Gen	Genitiv	*m*	männliches Substantiv	*w*	weibliches Substantiv
etw	etwas	*Pl*	Plural		
Inf	Infinitiv	*qc*	quelque chose (= etwas)		

Weitere Erläuterungen zu Grammatik, Anwendung und Bedeutungszusammenhang sind *kursiv* gesetzt.

Leçon 0

la leçon	Lektion
les mots	die Wörter
Observez les magazines.	Betrachten Sie die Zeitschriften.
Quels mots comprenez-vous ?	Welche Wörter verstehen Sie?
Connaissez-vous d'autres mots en français ?	Kennen Sie andere Wörter auf Französisch?
les nombres	die Zahlen
Écoutez et répétez	Hören und wiederholen Sie
les nombres de 1 à 20.	die Zahlen von 1 bis 20.
les lettres	die Buchstaben
À vous !	Sie sind dran!
Épelez votre nom.	Buchstabieren Sie Ihren Namen.
Comment vous vous appelez ?	Wie heißen Sie?
Vous pouvez épeler, s'il vous plaît ?	Können Sie buchstabieren, bitte?
Oui.	Ja.
les phrases utiles	die nützlichen Sätze
Je ne comprends pas.	Ich verstehe nicht.
Vous pouvez répéter, s'il vous plaît ?	Können Sie wiederholen, bitte?

Unité 1 Rencontres

l'unité *w*	Einheit, Lerneinheit
la rencontre	Begegnung
la fiction	Fiktion, erfundene Geschichte
la personne	Person
entrer	hineingehen, *hier*: einsteigen
en même temps	gleichzeitig
dans	in
un	ein
le taxi	Taxi

Leçon 1 – Bienvenue !

bienvenue	Willkommen
bonjour	Guten Tag, Guten Morgen
monsieur [məsjø]	Herr (*Anrede*)
vous	ihr; Sie
s'appeler	heißen
et	und
voici	hier, das ist
mon/ma	mein/meine
la femme [fam]	Frau, Ehefrau
madame	Frau (*Anrede*)
je, j'	ich
je suis	ich bin
vous êtes	Sie sind (*Höflichkeitsform*)
oui	ja
le mari	Ehemann
non	nein
il	er
Qui est-ce ?	Wer ist es?
qui	wer
c'est	das ist
ce, c'	das, es
il est	er ist
italien; l'Italien/ne	italienisch; Italiener/in
elle est	sie ist
elle	sie
français; le/la Français/e	französisch; Franzose/-in
tu es	du bist
tu	du

<u>**Découvrez**</u>	
découvrir	entdecken
le club [klœb]	Klub
l'océan *m*	Ozean
écouter	(zu)hören
associer (à)	zuordnen
les	die (*Art Pl*)
le dialogue	Dialog
le dessin	Zeichnung
le nom	Name
le prénom	Vorname
<u>**Grammaire**</u>	
la grammaire	Grammatik
le, la, l'	der/die/das (*Art*)
le verbe	Verb, Zeitwort, Tätigkeitswort
être	sein
au	*Zusammenziehung von* à + le
le présent	Präsens, Gegenwart
le singulier	Singular, Einzahl
la personne	Person
le *vous* de politesse	Höflichkeitsform
de, d'	von, aus
la politesse	Höflichkeit
le pronom sujet	Personalpronomen, persönliches Fürwort
le pronom	Pronomen, Fürwort
le sujet	Subjekt, Nominativ, Satzgegenstand
obligatoire	Pflicht-, obligatorisch
(le) masculin	männlich; Maskulinum
(le) féminin	weiblich; Femininum
l'interrogation *w*	Frage(form)
avec	mit; durch
pour	für
un/une	ein/e
<u>**Savoir dire**</u>	
savoir	können
dire	sagen
saluer	grüßen, begrüßen
se présenter	sich vorstellen
se, s'	sich
demander	(er)bitten, (er)fragen
<u>**Entraînez-vous**</u>	
s'entraîner	üben, trainieren
compléter	ergänzen, vervollständigen
la phrase	Satz
voilà	da, das ist
moi	ich (*betont*)
le jeu	Spiel
trouver	finden
le mot	Wort
l'homme *m*	Mann
si	ob
ou	oder
<u>**Communiquez**</u>	
communiquer	kommunizieren
À vous !	Sie sind dran!
à	an; in; nach; zu; bis
votre	euer/eure; Ihr/e
le/la voisin/e	Nachbar/in
présentez-vous	stellen Sie sich vor
la nationalité	Nationalität
montrer	zeigen
l'étudiant/e	Student/in, *hier*: Mitschüler/in
<u>**Prononcez**</u>	
prononcer	aussprechen
la question	Frage
l'affirmation *w*	Behauptung
l'activité *w*	Aufgabe

Leçon 2 – Qui est-ce ?

sympa [sɛ̃pa]	nett
dans	in
le cours	Kurs, Unterricht
japonais; le/la Japonais/e	japanisch; Japaner/in
habiter	wohnen
en France, au Japon, à Genève	in Frankreich, in Japan, in Genf
en (+ *weibliches Land*)	in; nach
au (+ *männliches Land*)	in; nach
à (+ *Stadt*)	in; nach
la France	Frankreich
le Japon	Japan
la Suisse	Schweiz
Genève	Genf
<u>**Découvrez**</u>	
l'institut *m*	Institut
vrai	wahr, richtig
faux/fausse	falsch
le/la professeur	Lehrerin
regarder	(an)schauen
le badge	Namensschild
rejouer	noch einmal spielen
la profession	Beruf
monsieur (*Abk*: **M.**)	Herr (Hr.)
madame (*Abk*: **Mme**)	Frau (Fr.)
le/la secrétaire	Sekretär/in
l'assistant/e	Assistent/in
le directeur / la directrice	Direktor/in, Leiter/in
<u>**Grammaire**</u>	
l'article défini *m*	bestimmter Artikel
le/la, l'	der/die/das (*Art*)
allemand; l'Allemand/e	deutsch; Deutsche/r
le/la dentiste	Zahnarzt/-ärztin
devant	vor
la voyelle [vwajɛl]	Vokal
le genre	Genus, grammatikalisches Geschlecht
des	*Zusammenziehung von* de + les
le nom	Nomen, Substantiv
l'adjectif *m*	Adjektiv, Eigenschaftswort
le cas général	Normalfall, Regelfall
le cas	Fall
général	allgemeine/r/s
le cas particulier	Sonderfall, Ausnahme
particulier/-ière	besondere/r/s
polonais; le/la Polonais/e	polnisch; Pole/Polin
toujours	immer
le/la photographe	Fotograf/in

belge; le/la Belge	belgisch; Belgier/in
la préposition	Präposition, Verhältniswort
le pays [pei]	Land
la ville [vil]	Stadt
l'Italie *w*	Italien
au	*Zusammenziehung von* à + le
Rome	Rom
Tokyo	Tokio

Savoir dire

identifier	erkennen

Entraînez-vous

la carte de visite	Visitenkarte
la carte	Karte
la visite	Besuch
sur rendez-vous	Termine nach Vereinbarung
sur	auf; an
le rendez-vous	Termin, Verabredung
le téléphone	Telefon
le/la directeur/-trice commercial/e	kaufmännische/r Leiter/in
commercial	Handels-; kaufmännisch
la rue	Straße
Bruxelles [bʀysɛl]	Brüssel
la Belgique	Belgien
l'Espagne *w*	Spanien
Vienne	Wien
l'Autriche *w*	Österreich
mettre au masculin	die männliche Form bilden
espagnol; l'Espagnol/e	spanisch; Spanier/in
autrichien; l'Autrichien/ne	österreichisch; Österreicher/in

Communiquez

le téléphone	Telefon
relever	notieren
le numéro	Nummer
du	*Zusammenziehung von* de + le
le bureau	Büro
le poste téléphonique	Telefonanschluss
le poste	*hier*: Apparat
téléphonique	Telefon-, telefonisch
l'exemple *m*	Beispiel

Prononcez

la syllabe	Silbe
lire	lesen
détacher	trennen
puis	dann
normalement	normal

Leçon 3 – Ça va bien ?

Ça va bien ?	Wie geht's? Geht's gut?
ça va	es geht
ça	es, das (*betont*)
aller	gehen
bien	gut
salut	Hallo; Tschüss
Tu vas bien ?	Geht es dir gut?
toi	du (*betont*)
merci	danke
maintenant	jetzt
le Canada	Kanada
quel/quelle	welche/r/s
ton/ta	dein/deine
l'adresse *w*	Adresse
alors	also; dann
avoir	haben
un/une	ein/eine
l'adresse e-mail *w*	E-Mail-Adresse
l'e-mail [imɛl] *m*	E-Mail
comment	wie
l'ami/e	Freund/in
son/sa	sein/seine; ihr/ihre
le fils [fis]	Sohn
parler	sprechen, reden

Découvrez

avoir la parole	das Wort haben
la parole	Wort
répondre	antworten
À qui… ?	Wem …?
le bébé	Baby
transformer	verwandeln
entre	zwischen
utiliser	verwenden
jouer	spielen
changer	(ver)ändern

Grammaire

le pluriel	Plural, Mehrzahl
l'adjectif possessif *m*	Possessivbegleiter, besitzanzeigender Begleiter
mon/ma	mein/meine
la fille [fij]	Tochter; Mädchen
votre	euer/e; Ihr/e
employer	verwenden
commencer (par)	anfangen (mit)
par	mit; durch
l'article indéfini *m*	unbestimmter Artikel
le garçon	Sohn; Junge
l'adjectif interrogatif *m*	Fragebegleiter

Savoir dire

demander des nouvelles	sich nach jdm erkundigen
la nouvelle	Neuigkeit
Comment allez-vous ?	Wie geht es Ihnen?
l'âge *m*	Alter
le numéro de téléphone	Telefonnummer
Quel âge a… ?	Wie alt ist …?
avoir… ans	… Jahre alt sein/werden
l'an [ã] *m*	Jahr

Entraînez-vous

la présentation	Vorstellung
répéter	wiederholen
la grille	Tabelle

Communiquez

la clé	Schlüssel
s'il vous plaît	bitte (Sie/euch)
noter	(sich etw) notieren
la chambre	Zimmer (*Hotel*)
l'hôtel *m*	Hotel
choisir	(aus)wählen

Prononcez

l'accent tonique *m*	Betonung
l'accent *m*	Akzent
tonique	betont
dernier/-ière	letzte/r/s
le groupe	Gruppe

Leçon 4 – Correspond@nce.com

arrêt sur…	*hier*: Zwischenstopp
l'arrêt *m*	Anhalten; Halt; Pause
la correspondance	Korrespondenz
le/la correspondant/e	Brieffreund/in
souvent	oft
le cinéma	Kino
chercher	suchen
aimer	lieben; mögen
la lecture	Lesen
la nature	Natur
la musique	Musik
classique	klassisch
québécois	aus Quebec
le sport [spɔʀ]	Sport
le volley-ball [vɔlɛbol]	Volleyball
le golf	Golf
l'Europe *w*	Europa
guyanais	aus Guyana
de… à…	von … bis …
anglais; l'Anglais/e	englisch; Engländer/in
beaucoup	sehr; viel
la danse	Tanz
le/la boulanger/-ère	Bäcker/in
la photographie, photo	Fotografie, Foto

Découvrez

le monde	Welt
le message	Nachricht
pourquoi	warum
sénégalais; le/la Sénégalais/e	senegalesisch; Senegalese/-in
suisse; le Suisse / la Suissesse	schweizerisch; Schweizer/in
continuer	fortsetzen
l'exercice *m*	Übung
comme	wie
la carte	Landkarte
la page (*Abk*: **p.**)	Seite
aussi	auch
relire	noch einmal lesen
le Maroc	Marokko
l'étudiant/e en littérature	Literaturstudent/in
la littérature	Literatur
le/la professeur de danse	Tanzlehrer/in
le rap	Rap (*Musik*)
le/la serveur/-euse	Kellner/in
le bar	Bar

Communiquez

en français	auf Französisch
écrire	schreiben
le Brésil	Brasilien
le père	Vater
la mère	Mutter
le frère	Bruder
la sœur [sœʀ]	Schwester
le football [futbol]	Fußball
portugais/e; le/la Portugais/e	portugiesisch; Portugiese/-in
un peu	ein bisschen
à bientôt	bis bald
bientôt	bald
le reportage	Reportage

Savoir-faire

le savoir-faire	Können, Know-how
le document	Dokument; *hier*: Tondokument; Schriftstück
la fiche	Karteikarte; Zettel
chaque	jede/r/s
vouloir	wollen
participer	teilnehmen
la classe	Klasse
leur(s)	ihr(e)
présenter qn/qc	jdn/etw vorstellen
les	sie (*Pronomen*)
donner	geben, angeben
lui	ihm/ihr
l'information *w*	Information
la scène	Szene
autre	andere/r/s
le/la directeur/-trice commercial/e	kaufmännische/r Leiter/in

Unité 2 Portraits

le portrait	Porträt
jeune	jung
acheter	kaufen
des	*unbestimmter Art Pl*
la fleur	Blume

Leçon 5 – Trouvez l'objet

l'objet *m*	Gegenstand
le chapeau	Hut
le blouson	Blouson
c'est ça	das ist es; genau
ils	sie (*m Pl*)
la chambre	Schlafzimmer
sous	unter
l'étagère *w*	Regal
à côté (de)	neben(an)
le côté	Seite
la fenêtre	Fenster
des	*unbestimmter Art Pl*
le livre	Buch
à gauche (de)	links (von)
la gauche	linke Seite
contre	gegen; an
le mur	Mauer, Wand

à droite (de)	rechts (von)
la droite	rechte Seite
les	die (*Art Pl*)
l'affiche *w*	Plakat
Oh ! là, là !	Oh je!
la chaise	Stuhl
il y a	es gibt, da ist
il	es (*unpersönlich*)
le lit	Bett
le fauteuil	Sessel
le chat / la chatte	Katze
la fleur	Blume
le verre	Glas
la table	Tisch
le vase	Vase
l'ordinateur *m*	Computer
l'assiette *w*	Teller
le sac	Tasche

Découvrez

ci-dessus	weiter oben (*Text*)
ci-dessous	weiter unten (*Text*)

Grammaire

invariable	unveränderlich
être	sein
nous	wir
elles	sie (*w Pl*)
Qu'est-ce que… ?	Was …? (*Frage nach dem Objekt*)
la pièce	Raum

Savoir dire

nommer	(be)nennen
ce sont	es sind
situer (qc)	den Ort (von etw) bestimmen

Entraînez-vous

à l'aide de	mithilfe von
l'aide *w*	Hilfe
derrière	hinter
au-dessous (de)	unter
au-dessus (de)	über

Communiquez

le restaurant	Restaurant
où	wo
dessiner	zeichnen
le meuble	Möbelstück
décrire	beschreiben
comparer	vergleichen

Prononcez

entendre	hören
Qu'est-ce qui… ?	Was …? (*Frage nach dem Subjekt*)
changer	sich ändern
la prononciation	Aussprache
indiquer	angeben, hinweisen auf

Leçon 6 – Portrait-robot

le portrait-robot	Phantombild
grand	groß
petit	klein
blond	blond
brun	braun
d'accord	okay, einverstanden
est-ce que… ?	*Frageformel*
avoir des lunettes	eine Brille tragen
les lunettes *w Pl*	Brille
pas de lunettes	keine Brille
pas de	kein/e
ne… pas	nicht
le vêtement	Kleidungsstück
porter	tragen
le tee-shirt [tiʃœʀt]	T-Shirt
blanc/blanche	weiß
le pantalon	Hose
noir	schwarz
bleu	blau
le jean [dʒin]	Jeans
lui	er (*betont*)
De quelle couleur ?	Welcher Farbe?
la couleur	Farbe
rouge	rot
autre chose	etwas anderes, noch etwas
la chose	Sache, Ding
la chemise	Hemd
vert	grün
ses	seine; ihre (*Pl*)
les chaussures *w Pl*	Schuhe
les baskets [baskɛt] *w Pl*	Sportschuhe

Découvrez

observer	betrachten, sich etw genau ansehen
la description	Beschreibung

Grammaire

le pronom tonique	betontes Personalpronomen, betontes Fürwort
moi	ich (*betont*); mir
être à qn	jdm gehören
toi	du (*betont*); dir
elle	sie (*betont*); ihr
vous	ihr, Sie (*betont*); euch, Ihnen
la négation	Verneinung
entourer	umschließen
la forme négative	verneinende Form, Verneinung
la forme	Form
négatif/-ive	negativ, verneinend
l'accord *m*	*hier*: Kongruenz, Übereinstimmung
la robe	Kleid
identique	gleich, identisch
mes	meine (*Pl*)
tes	deine (*Pl*)
nos	unsere (*Pl*)
vos	eure; Ihre (*Pl*)
leur(s)	ihr(e)

Savoir dire

exprimer	ausdrücken
la possession	Besitz
À qui est… ?	Wem gehört …?
être à qn	jdm gehören

Entraînez-vous

bon/ne	richtig

la réponse	Antwort
poser une question	eine Frage stellen
le pull	Pulli
jaune	gelb

Communiquez

la classe	Klasse
la devinette	Rätsel
deviner	raten, erraten

Prononcez

la liaison	Bindung
faire les liaisons	die Wörter verbinden

Leçon 7 – Shopping

le shopping [ʃɔpiŋ]	Einkaufsbummel
mesdames	meine Damen (*Anrede*)
ce, cet, cette ; ces	diese/r/s; diese
aimer bien	gern mögen
le type	Art, Typ
très	sehr
joli	hübsch
gris	grau
coûter	kosten
combien	wie viel
l'euro [øʀo] *m*	Euro
cher/chère	teuer
hum, hum	hm, hm
la taille	Größe (*Kleidung*)
pas du tout	überhaupt nicht
Ah bon !	Ach so!
ça fait	das macht, das kostet

Découvrez

la boutique	Boutique
que	dass
le prix	Preis

Grammaire

comment	wie
l'adjectif démonstratif *m*	Demonstrativbegleiter, hinweisender Begleiter
la lettre	Buchstabe
devenir	werden

Savoir dire

caractériser	charakterisieren
Quel est le prix de… ?	Was kostet …?
le goût [gu]	Geschmack

Entraînez-vous

chacun/e	jede/r

Communiquez

le site	Website
la maison	Haus
la référence (*Abk*: **réf.**)	Bestellnummer; Zeichen
la téléphonie	Fernsprechtechnik, *hier*: Mobilfunk
la maroquinerie	Lederwaren
le bricolage	Heimwerkerartikel
le jeu de rôles	Rollenspiel
le rôle	Rolle
entrer	hineingehen
la scène	Szene

Prononcez

le lien	Verbindung
l'enregistrement *m*	(Ton-)Aufnahme
marquer	markieren, kennzeichnen
beau/belle	schön
le/la petit/e ami/e	Freund/in

Leçon 8 – Le coin des artistes

le coin	Ecke
l'artiste *m/w*	Künstler/in
la môme *ugs*	Göre, Balg, Kleine
le film	Film
le poète	Dichter/in
le tableau	Bild; Tabelle
le sculpteur [skyltœʀ]	Bildhauer/in
le peintre	Maler/in
l'écrivain *m*	Schriftsteller/in
le/la musicien/ne	Musiker/in

Découvrez

la vie en rose	*in der Bedeutung von*: das Leben durch die rosarote Brille sehen
la vie	Leben
rose	rosa
chaque	jede/r/s
le texte	Text
au centre	in der Mitte
le centre	Zentrum; Mitte
autre	andere/r/s
le numéro (*Abk*: **n°**)	Nummer
le café	Kaffee
le thé	Tee
plusieurs fois	mehrmals
plusieurs	mehrere
la fois	Mal

Communiquez

encore	noch; weiter
connaître	kennen
d'autres	andere
le poème	Gedicht
à la manière de	so wie
la manière	Art und Weise
imaginer	sich ausdenken, sich vorstellen
à partir de	ausgehend von
l'orange *w*	Apfelsine
le tapis	Teppich

Savoir-faire

l'aéroport *m*	Flughafen
venir chercher qn	jdn abholen
venir	kommen
ce soir, ce matin *etc.*	heute Abend, heute Morgen *etc.*
le soir	Abend
téléphoner (à qn)	(mit jdm) telefonieren
pour (+ *Inf*)	um zu

chez	bei; zu; nach
la famille	Familie
la photo de classe	Klassenfoto
se trouver	sich befinden
commander	bestellen
en ligne	online
acheter	kaufen
sur Internet	im Internet
l'Internet [ɛ̃tɛʀnɛt] *m*	Internet
la page Internet	Internetseite
passer une commande	eine Bestellung aufgeben
la commande	Bestellung
le bon de commande	Bestellschein
le bon	Schein, Bon
la quantité	Menge
le panier	(Einkaufs)Korb
la jupe	Rock
la veste	Jacke; Jackett; Weste

Unité 3 Ça se trouve où ?

Leçon 9 – Appartement à louer

l'appartement *m*	Wohnung
louer	(ver)mieten
E-Mail-Kopf:	
envoyer	schicken
la discussion	Diskussion
joindre	einfügen
la police	*hier:* Schriftart
enregistrer	speichern
le brouillon	Entwurf
la location	(Ver)Mieten
le loisir	Freizeit
l'immeuble *m*	Gebäude; (Mehrfamilien-)Haus; Wohnblock
au coin (de)	an der Ecke (+ *Gen*)
l'immeuble récent *m*	Neubau
récent	neu
avec	mit
le parking [paʀkiŋ]	Parkplatz, Stellplatz
troisième	dritte/r/s
l'étage *m*	Etage
l'ascenseur *m*	Fahrstuhl
la cuisine	Küche
l'entrée *w*	Eingang
en face (de)	gegenüber (+ *Gen*)
les toilettes *w Pl*	Toilette, WC
la salle de bains	Badezimmer
la salle	Saal, Zimmer, Raum
le bain	Bad
la douche	Dusche
au bout (de)	am Ende (+ *Gen*)
le couloir	Flur
le bureau	Schreibtisch
le salon	Wohnzimmer
calme	ruhig
le placard	Wandschrank
dans	in
meilleures salutations	mit freundlichen Grüßen
le/la responsable	Verantwortliche/r; Zuständige/r
l'agence (immobilière) *w*	Immobilienmakler, -büro
l'agence *w*	Agentur; Niederlassung
près (de)	in der Nähe (+ *Gen*)
le mètre carré (*Abk*: **m²**)	Quadratmeter
clair	hell
le mois	Monat

Découvrez

la petite annonce	Kleinanzeige
l'annonce *w*	Anzeige
le document	Dokument, Schriftstück
la carte postale	Postkarte
postal	Post-
que	was
signifier	bedeuten
suivant	folgende/r/s
l'expression *w*	Ausdruck
retrouver	wiederfinden
le plan	Plan; Skizze

Grammaire

nous	wir (*betont*); uns
chez (+ *Pron*)	zu/nach Hause
chez	bei; zu; nach
eux	sie (*m Pl, betont*); ihnen
elles	sie (*w Pl, betont*); ihnen
la préposition de lieu	Präposition des Ortes
le lieu	Ort
pour	für
où	wo
par (là)	(dort) entlang
là	da, dort
se trouver	sich befinden

Savoir dire

s'informer (sur)	sich informieren (über)

Entraînez-vous

premier/-ière	erste/r/s
le rez-de-chaussée [ʀedʃose]	Erdgeschoss
deuxième [døzjɛm]	zweite/r/s
quatrième	vierte/r/s
le contraire	Gegenteil
ancien/ne	alt
bruyant [bʀyjɑ̃]	laut
sombre	dunkel
la comparaison	Vergleich
attention (à)	Achtung

Communiquez

les WC [vese] *m Pl*	WC, Toilette

Prononcez

l'articulation *w*	Aussprache
tiré	*hier:* mit gespreizten Lippen
arrondi	*hier:* mit gerundeten Lippen

Leçon 10 – C'est par où ?

par (où)	(wo) entlang
pardon	Entschuldigung
le musée	Museum
loin	weit weg
prendre (le métro, la voiture *etc.***)**	mit (der U-Bahn, dem Auto *etc.*) fahren
prendre	nehmen
le métro	U-Bahn
y	dort, dorthin
le bus [bys]	Bus
le vélo	Fahrrad
à pied	zu Fuß
le pied [pje]	Fuß
passer	vorbeigehen, -kommen
traverser	überqueren
le boulevard	Boulevard
tourner	abbiegen
la poste	Postamt
la banque	Bank (*Geldinstitut*)
arriver	ankommen
la place	Platz
ensuite	anschließend, danach
l'avenue *w*	Prachtstraße; Allee, Straße
continuer	weitergehen, -machen
tout droit	geradeaus
tout	ganz (*Adverb*)
droit	gerade
jusque	bis
après	danach, nach
la cour	Hof
le jardin	Garten; Park
la pyramide	Pyramide
euh	äh, hm
le pont	Brücke
la bibliothèque	Bibliothek

Découvrez

repérer	ausfindig machen
le grand magasin	Kaufhaus
le magasin	Geschäft
suivre	folgen
le chemin	Weg

Grammaire

l'impératif *m*	Imperativ, Befehlsform
le taxi	Taxi
remarquer	beachten
le radical	Stamm
l'article contracté *m*	zusammengezogener Artikel
contracté	zusammengezogen
la gare	Bahnhof
en (voiture, train *etc.***)**	mit (dem Auto, dem Zug *etc.*)
la moto	Motorrad
la voiture	Auto
l'adverbe *m*	Adverb, Umstandswort
remplacer	ersetzen
précéder	vorangehen

Savoir dire

demander son chemin	nach dem Weg fragen
la direction	Richtung
le moyen de transport	Verkehrsmittel
le moyen	Mittel
le transport	Transport
le lycée	Gymnasium

Entraînez-vous

donner	geben, angeben
l'indication *w*	Hinweis

Communiquez

la légende	Bildunterschrift
les rollers [ʀɔlœʀ] *m Pl*	Inlineskates
en général	üblicherweise, im Allgemeinen
l'école *w*	Schule
le travail	Arbeit

Prononcez

l'enchaînement *m*	Verbindung, Überleitung
noter	vermerken, notieren
entrer à l'université	sein Studium beginnen
l'université *w*	Universität

Leçon 11 – Bon voyage !

bon/ne	gut
le voyage [vwajaʒ]	Reise
le jour	Tag
partir	verreisen; losfahren, -fliegen
l'aéroport *m*	Flughafen
à l'ouest, l'est *etc.* **(de)**	im Westen, Osten *etc.* (+ *Gen*)
l'ouest *m*	Westen
l'île *w*	Insel
on	wir; man
au bord de la mer	an der Küste, am Meer
le bord	Rand, Ufer
la mer	Meer
la plage	Strand
la terrasse	Terrasse
bien sûr	natürlich
la télévision	Fernseher, Fernsehen
l'air conditionné *m*	Klimaanlage
l'air *m*	Luft
la piscine	Schwimmbad
parfait	perfekt
visiter	besuchen; besichtigen
l'hélicoptère *m*	Hubschrauber
au sud, nord *etc.* **(de)**	im Süden, Norden *etc.* (+ *Gen*)
le sud	Süden
la montagne	Berg(e), Gebirge
le nord	Norden

Découvrez

les Antilles *w Pl*	Antillen
la semaine	Woche
l'agence de voyages *w*	Reisebüro
la réception	Rezeption, Empfang

Grammaire

c'est	das ist
l'est *m*	Osten
les gens *m Pl*	Leute

Savoir dire

donner	geben
le conseil	Rat

Entraînez-vous

mais	aber
le week-end [wikɛnd]	Wochenende
téléphoner (à qn)	(mit jdm) telefonieren
la salle de sport	Fitnessraum
la Méditerranée	Mittelmeer
la visite	Besichtigung
le bateau	Schiff, Boot

Communiquez

la différence	Unterschied
en groupe	mit einer Gruppe
présenter qn/qc	jdn/etw vorstellen
le circuit	Rundreise
la région	Region; Gegend
que	der/die/das (*Relativpronomen*)

Prononcez

interdit	verboten

Leçon 12 – Marseille

l'office du tourisme *m*	Touristeninformation
le tourisme	Tourismus, Fremdenverkehr
la cathédrale	Kathedrale, Dom
le fort	Fort
le château	Burg; Schloss
vieux/vieille	alt
le port	Hafen
l'hôtel de ville *m*	Rathaus
l'histoire *w*	Geschichte
l'archéologie *w*	Archäologie
la marine	Marine, Seefahrt
la basilique	Basilika
le quai	Kai
l'avion *m*	Flugzeug
le train	Zug
la SNCF (*Société nationale des chemins de fer français*)	*französische Eisenbahngesellschaft*
par (jour, semaine *etc.***)**	pro (Tag, Woche *etc.*)
à trois heures de Paris	drei Stunden von Paris entfernt
à (+ *Zeitangabe*) **de** (+ *Ortsangabe*)	(*Zeitangabe* +) von (+ *Ortsangabe*) entfernt
l'heure *w*	Stunde
le TGV (*train à grande vitesse*)	*französischer Hochgeschwindigkeitszug*
le kilomètre	Kilometer
la destination	Ziel
autour de	rund um
la prison	Gefängnis
le comte	Graf
la calanque	kleine Felsbucht
le quartier	Stadtteil, Viertel
le palais	Palast
la cité	Stadt; Siedlung
radieux/-ieuse	strahlend
le square [skwaʀ]	kleine Grünanlage
la bourse	Börse
l'entrée *w*	Eintrittspreis
gratuit	gratis, umsonst
la peinture	Malerei
la sculpture [skyltyʀ]	Bildhauerei
l'art *m*	Kunst
contemporain	zeitgenössisch
méditerranéen/ne	Mittelmeer-
le renseignement	Auskunft
la mairie	Rathaus; Stadtverwaltung

Découvrez

le document	*hier*: Broschüre
être à… km	… km entfernt sein

Savoir dire

donner	angeben

Communiquez

à votre tour	Sie sind dran, Sie sind an der Reihe
le tour de qn	jemand ist dran, an der Reihe
moderne	modern
intéressant	interessant
la bise	Küsschen

Savoir-faire

travailler	arbeiten
convenir	sich eignen, passen
central	zentral
le séjour	Wohnzimmer
le centre ville	Stadtzentrum
nouveau, nouvel/nouvelle	neu
le/la touriste	Tourist/in
saint	heilig, Sankt

Évaluation 1

l'évaluation *w*	Evaluation, Einschätzung

Compréhension de l'oral

la compréhension de l'oral	Hörverstehen
la compréhension	Verstehen
l'oral *m*	das Mündliche
l'objectif *m*	Ziel
comprendre	verstehen
simple	einfach
à nouveau	erneut

Production orale

la production orale	mündlicher Ausdruck
la production	Erzeugung, Produktion
oral	mündlich

Compréhension des écrits

la compréhension des écrits	Leseverstehen
l'écrit *m*	das Geschriebene
le sms	SMS

Production écrite

la production écrite	schriftlicher Ausdruck
écrit	schriftlich, geschrieben
l'objet *m*	*hier:* Betreff
le dîner	Abendessen
l'idée *w*	Idee

Unité 4 Au rythme du temps

le rythme [ʀitm]	Rhythmus
le temps	Zeit
le couple	Paar

Leçon 13 – Un aller simple

l'aller (simple) *m*	Hinfahrt, einfache Fahrt
je voudrais (*vouloir*)	ich möchte, ich würde gern
quand	wann
mardi *m*	Dienstag
prochain	nächste/r/s
le 15	am 15.
le matin	Morgen; morgens
l'après-midi *m*	Nachmittag; nachmittags
l'heure (*Abk*: **h.**) *w*	Uhrzeit; … Uhr
je suis désolé/e	es tut mir leid
complet/-ète	voll
la place	Platz; Sitzplatz
l'aller-retour *m*	Hin- und Rückfahrkarte
la deuxième classe	zweite Klasse
lundi *m*	Montag
mercredi *m*	Mittwoch
jeudi *m*	Donnerstag
vendredi *m*	Freitag
samedi *m*	Samstag
dimanche *m*	Sonntag
le départ	Abreise; Abfahrt, -flug

Découvrez

Quelle heure est-il ?	Wie spät ist es?
le billet	Fahrkarte
l'erreur *w*	Fehler
l'arrivée *w*	Ankunft
le tarif	Preis

Grammaire

il est… heure(s)…	es ist … Uhr …
À quelle heure ?	Um wie viel Uhr?
partir	verreisen; losfahren, -fliegen

Savoir dire

donner l'heure	die Uhrzeit sagen
… moins dix	zehn vor ...
moins	minus; weniger
Vous avez l'heure ?	Wie spät ist es?
deux heures et demie	halb drei
la demie	Hälfte
la date	Datum
nous sommes le…	heute ist der …
poliment	höflich

Entraînez-vous

la pendule	Uhr
à l'heure	pünktlich
midi *m*	Mittag, 12 Uhr
… et quart	Viertel nach …
le quart	Viertel
… moins le quart	Viertel vor …
précédent	vorherige/r/s

Communiquez

l'information *w*	Information
l'heure de départ *w*	Abfahrtszeit
la voie	Gleis
pour	nach
l'employé/e	Angestellte/r
l' (les) horaire(s) *m* (*Pl*)	Fahrplan
tous les jours	jeden Tag, täglich
tous/toutes les	alle (*Indefinitbegleiter*)

Prononcez

le chiffre	Zahl
opposer	einander gegenüberstellen

Leçon 14 – À Londres

Quelle surprise !	Was für eine Überraschung!
la surprise	Überraschung
faire	machen, tun
ben [bɛ̃]	also
voir	sehen
travailler	arbeiten
l'informaticien/ne	Informatiker/in
lundi *m*	Montag
mercredi *m*	Mittwoch
seulement	nur
le reste	Rest
à la maison	zu/nach Hause
la maison	Haus
tôt	früh
rentrer	nach Hause kommen/gehen
tard	spät
le soir	abends
vers	gegen (*zeitlich*)
en vacances	im, in Urlaub
les vacances *w Pl*	Ferien

Découvrez

par hasard	zufällig
le hasard	Zufall
jeudi *m*	Donnerstag
le jeudi, mardi *etc.*	donnerstags, dienstags *etc.*

Grammaire

est-ce que… ?	*Frageformel*
quoi	was
l'acteur/-trice	Schauspieler/in

Savoir dire

situer dans le temps	etw zeitlich einordnen

Entraînez-vous

la curiosité	Neugier
vendredi *m*	Freitag

correspondre (à qc)	(etw) entsprechen
la définition	Definition
le/la vendeur/-euse	Verkäufer/in
jouer de la / du	spielen (+ *Instrument*)
la guitare	Gitarre
le groupe de rock	Rockband
le groupe	Band
le rock	Rockmusik
le journal	Zeitung
faire du cinéma	Filme machen

Communiquez

la note	Notiz
mars *m*	März
la réunion	Besprechung; Versammlung
le déjeuner	Mittagessen
la société	Firma; Gesellschaft
l'arrivée *w*	Ankunft

Prononcez

nasal	nasal

Leçon 15 – Le dimanche matin

dimanche *m*	Sonntag
d'abord	zuerst, zunächst
faire un footing	joggen
le footing [futiŋ]	Joggen
jouer à	spielen (+ *Sportart, Karten*)
le foot [fut] (*ugs*)	Fußball
le tennis [tenis]	Tennis
me, m'	mich
se reposer	sich ausruhen
faire les/des courses	einkaufen
les courses *w Pl*	Einkäufe
préparer	vorbereiten
l'enfant *m/w*	Kind
ou alors	oder
la journée	Tag
la campagne	Land (*im Gegensatz zu* Stadt)
faire le ménage	den Haushalt erledigen; putzen
le ménage	Haushalt; Hausarbeit
se laver	sich waschen
s' habiller	sich anziehen
écouter de la musique	Musik hören
aller en boîte (*ugs*)	in die Disko gehen
la boîte (*ugs*)	Disko
... heure(s) du matin	... (Uhr) morgens
dormir	schlafen
se lever	aufstehen
à midi	mittags
prendre le petit déjeuner	frühstücken
le petit déjeuner	Frühstück
le marché	Markt
déjeuner	zu Mittag essen

Découvrez

le témoignage	Aussage
l'activité *w*	Tätigkeit, Beschäftigung
mentionner	erwähnen

Grammaire

lire	lesen
écrire	schreiben
le verbe pronominal	reflexives Verb, rückbezügliches Zeitwort
te, t'	dich
se, s'	sich
l'infinitif *m*	Infinitiv, Grundform
faire de (+ *Sport*)	(*eine Sportart*) ausüben
faire du vélo	Rad fahren
la natation	Schwimmen
l'athlétisme *m*	Leichtathletik

Savoir dire

en cours	laufend, im Gange
habituel/le	gewöhnlich, üblich
faire du sport	Sport treiben
comme	für, als

Entraînez-vous

la lettre	Brief
ce que	das, was
le personnage	Figur, Person
le ski [ski]	Ski
la gymnastique	Gymnastik

Communiquez

discuter (avec)	sich unterhalten (mit)
le week-end	am Wochenende

Prononcez

final	End-
initial	Anfangs-

Leçon 16 – Une journée avec Laure Manaudou

bravo	bravo
le/la champion/ne	Meister
difficile	schwierig
faire sa toilette	sich waschen
la toilette	Körperpflege
le fruit	Frucht
le yaourt [jauʀt]	Joghurt
les céréales *w Pl*	Müsli
le jus [ʒy]	Saft
retourner	zurückkehren
reprendre	wiederaufnehmen, fortsetzen
l'entraînement *m*	Training
nager	schwimmen
se terminer	zu Ende gehen/sein
manger	essen
regarder la télé	fernsehen
la télé (*ugs*)	Fernsehen
se coucher	ins Bett gehen, sich hinlegen
la nuit	Nacht; nachts
elle est libre	sie hat frei
être libre	freihaben, Zeit haben
libre	frei
sortir	ausgehen
passer	verbringen

la famille	Familie
nouveau, nouvel/nouvelle	neu
recommencer	wieder anfangen
d'après	nach, gemäß
actuel/le	aktuell; gegenwärtig
janvier *m*	Januar
se détendre	sich entspannen
la carte (à jouer)	(Spiel)Karte

Découvrez

savoir	wissen
à ce moment-là	in diesem Moment
le moment	Moment, Zeitpunkt
l'interview [ɛ̃tɛʀvju] *w*	Interview
le/la journaliste	Journalist/in

Communiquez

l'emploi du temps *m*	Stundenplan; Terminkalender
l'activité *w*	Aufgabe
l'article *m*	Artikel
ci-contre	nebenstehend
raconter	erzählen

Savoir-faire

l'école de langues *w*	Sprachschule
la langue	Sprache
l' (les) horaire(s) *m (Pl)*	Zeitplan
le billet	Eintrittskarte
l'été *m*	Sommer
passer	*hier*: laufen
payer	zahlen
inconnu	unbekannt
l'heure de/du repas *w*	Essenszeit
le repas	Essen, Mahlzeit
l'heure d'ouverture *w*	Öffnungszeit
l'ouverture *w*	Öffnen; Öffnung
à deux	zu zweit
l'invitation *w*	Einladung
refuser	ablehnen, verweigern
le match [matʃ]	Spiel (*z.B. Tennis*)
Ça te va ?	Passt es dir?
te, t'	dir
la demande	Anfrage
le club de sport	Sportklub, Fitnessstudio
l'activité *w*	(sportliche) Betätigung
le jacuzzi [ʒakyzi]	Whirlpool
l'année *w*	Jahr
sept jours sur sept	sieben Tage die Woche
le contact	Kontakt

Unité 5 La vie de tous les jours

la vie de tous les jours	Alltag
le réveillon	Heiligabend; Weihnachtsfeier; Weihnachtsessen
Noël *m oder w*	Weihnachten

Leçon 17 – On fait des crêpes ?

des	*Zusammenziehung von* de + les
la crêpe	Crêpe
la Chandeleur	Mariä Lichtmess
ce soir, ce matin *etc.*	heute Abend, heute Morgen *etc.*
inviter	einladen
il faut	man braucht, muss; etw ist nötig
la farine	Mehl
l'œuf [œf] *m*	Ei
le kilogramme, kilo	Kilogramm, Kilo
le litre	Liter
le lait	Milch
le gramme	Gramm
le beurre	Butter
c'est tout	das ist alles
tout	alles
du	*Zusammenziehung von* de + le
le sucre	Zucker
la confiture	Marmelade
le cidre	Cidre
la bouteille	Flasche
assez (de)	genug
l'eau minérale *w*	Mineralwasser
l'eau *w*	Wasser
le coca	Cola
j'y vais	ich gehe jetzt los

Découvrez

la liste de courses	Einkaufsliste
la liste	Liste
le pain	Brot
les légumes *m Pl*	Gemüse
la quantité	Menge

Grammaire

l'article partitif *m*	Teilungsartikel
désigner	bezeichnen
la partie	Teil
l'ensemble *m*	Ganze
boire	trinken
acheter	kaufen
manger	essen
le poids [pwa]	Gewicht
la livre	Pfund

Savoir dire

le besoin	Bedürfnis
l'habitude *w*	Gewohnheit
prendre	essen, etw zu sich nehmen
le café au lait	Milchkaffee
s'il te plaît	bitte (dich)

Entraînez-vous

le supermarché	Supermarkt
proposer	vorschlagen
la viande	Fleisch
le riz	Reis
le pain	Brot
le poisson	Fisch
le fromage	Käse
la salade	Salat
la pomme de terre	Kartoffel

les légumes *m Pl*	Gemüse
le vin	Wein
le dîner	Abendessen

Communiquez

l'heure de/du repas *w*	Essenszeit
le repas	Essen, Mahlzeit

Leçon 18 – Il est comment ?

hier [jɛʀ]	gestern
eh bien	also; nun ja
faire les magasins	einen Einkaufsbummel machen
ouais (*ugs*)	ja
Tiens, regarde.	Hier, schau mal.
tiens	hier
chaud	warm
dîner	zu Abend essen
les pâtes *w Pl*	Nudeln
la pizza [pidza]	Pizza
le dessert	Nachtisch
toute la journée, nuit *etc.*	den ganzen Tag, die ganze Nacht *etc.*
tout le/toute la	der/die/das ganze
seul [sœl]	allein

Découvrez

c'est bon	in Ordnung, okay
les Alpes *w Pl*	Alpen
le sms	SMS

Grammaire

le passé composé	Perfekt
le passé	Vergangenheit
composé	zusammengesetzt
la formation	Bildung
l'auxiliaire *m*	Hilfsverb
le participe passé	Partizip Perfekt, Mittelwort der Vergangenheit
finir	beenden
vendre	verkaufen
beau, bel/belle	schön

Savoir dire

rapporter	berichten von
l'événement *m*	Ereignis
passé	vergangen
l'opinion *w*	Meinung

Entraînez-vous

aujourd'hui	heute
…, non ?	…, nicht? …, oder?
excellent [ɛkselɑ̃]	ausgezeichnet
le tiramisu [tiʀamisu]	Tiramisu

Communiquez

l'alibi *m*	Alibi
l'inspecteur/-trice	Inspektor/in
la police	Polizei

Prononcez

la mise en relief	Hervorhebung
l'insistance *w*	Eindringlichkeit, Beharrlichkeit, Nachdruck
ajouter	hinzufügen
fort (*accent*)	betont (*Akzent*)
important	wichtig
accentuer	betonen
souligner	unterstreichen
le manteau	Mantel
encore	wieder

Leçon 19 – Chère Léa…

cher/chère	liebe/r
marcher	gehen, laufen
tous les trois	zu dritt
la soirée	Abend
le parc	Park
dans deux jours	in zwei Tagen
dans (+ *Zeitangabe*)	in (*zukunftsbezogen*)
magnifique	großartig, herrlich
le bisou	Küsschen, Kuss

Découvrez

cacher	verstecken
combien de temps	wie lange
rester	bleiben
le repérage	Suche, Kennzeichnung
l'action *w*	Geschehen, Aktion
qui	der/die/das (*Relativpronomen*)
se conjuguer	konjugiert werden
s'accorder	sich nach etw richten

Grammaire

le composé	Kompositum, zusammengesetztes Wort
venir	kommen
monter	steigen, hinaufgehen
descendre	hinuntergehen
tomber	fallen
naître	geboren werden
mourir	sterben
la durée	Dauer
futur	zukünftig

Savoir dire

interroger (sur)	befragen (über)
revenir	wiederkommen

Entraînez-vous

faire l'accord	angleichen
si	falls, wenn
nécessaire	notwendig
la minute	Minute

Communiquez

de retour (de)	zurück (aus)
le retour	Rückkehr
là-bas	dort

Prononcez

rythmique	rhythmisch
diviser	teilen
le cadeau	Geschenk
le théâtre	Theater
le concert	Konzert

Leçon 20 – Les fêtes

la fête	Fest
juillet *m*	Juli
la Saint-Valentin	Valentinstag
saint	heilig, Sankt
Noël *m oder w*	Weihnachten
faire la fête	feiern
à deux	zu zweit
le magazine	Zeitschrift
l'enquête *w*	Umfrage
l'année *w*	Jahr
le/la copain/copine (*ugs*)	Freund/in
la faculté, fac	Universität, Uni
le feu d'artifice	Feuerwerk
l'arc de triomphe *m*	Triumphbogen
les Champs-Élysées	*berühmte Straße in Paris*
fêter	feiern
le mariage	Hochzeit
la pâtisserie	Konditorei
viennois [vjenwa]	Wiener-
le gâteau	Kuchen
romantique	romantisch
la fête de la musique	Musikfest (*internationaler Tag der Musik*)
juin *m*	Juni
dans la/les rue/s	auf der Straße
solidaire	solidarisch
le progrès	Fortschritt
social	sozial

Découvrez

correspondant	entsprechend
la fête du Travail	Tag der Arbeit
le nouvel an	Neujahr
l'activité *w*	Unternehmung
offrir	schenken
le muguet [mygɛ]	Maiglöckchen
en famille	mit der Familie
faire un cadeau	etw schenken
bonne année	frohes neues Jahr

Communiquez

exister	existieren
le souvenir	Erinnerung
par écrit	schriftlich
la décoration	Dekoration, Schmuck

Savoir-faire

la messagerie	Mailbox
le (téléphone) portable	Handy
l'habitude alimentaire *w*	Essgewohnheit
alimentaire	Ess-; Lebensmittel-
à table	zu/am Tisch
publier	veröffentlichen
(l') étranger/-ère	fremd, ausländisch; Ausländer/in
quelques	ein paar, einige
la ligne	Zeile
s'aider	sich helfen
le modèle	Muster
faire du shopping	shoppen
organiser	organisieren
penser (à)	denken (an)
À quelle occasion… ?	Anlässlich welcher Gelegenheit?
à l'occasion de…	anlässlich (+ *Gen*)
l'occasion *w*	Gelegenheit
la fête nationale	Nationalfeiertag
national	national
préparer	zubereiten
l'invité/e	Gast
pendant	während
partir	(weg)gehen, (weg)fahren

Unité 6 Vivre avec les autres

vivre	leben
les autres	die/den anderen
se rendre (à)	gehen, sich begeben
l'entretien d'embauche *m*	Vorstellungsgespräch
l'entretien *m*	Gespräch, Unterhaltung
l'embauche *w*	Anstellung

Leçon 21 – C'est interdit !

excusez-moi	entschuldigen Sie bitte
excuser	entschuldigen
fumer	rauchen
pouvoir	können
Alors, ça !	So was! Ach du grüne Neune!
ici	hier
le passeport	Pass
le/la chien/ne	Hund/Hündin
Comment ça ?	Wie das? Was?
le (téléphone) portable	Handy
possible	möglich

Découvrez

différent	verschiedene/r/s
à nouveau	erneut

Grammaire

le complément (d'objet) indirect (COI)	indirektes Objekt (Objektergänzung mit Präposition)
le complément	Ergänzung
l'objet indirect *m*	indirektes Objekt, Dativ
indirect	indirekt
parler à qn	mit jdm reden
quelqu'un	jemand
lui	ihm/ihr
demain	morgen
leur	ihnen
se placer	sich stellen, setzen
la forme affirmative	bejahende Form

Savoir dire

refuser	ablehnen, verweigern
la permission	Erlaubnis
l'interdiction *w*	Verbot

Entraînez-vous

la salle de classe	Klassenzimmer
permis	erlaubt
être bien dans…	*hier*: gut aussehen
allez	los
le CD [sede]	CD
appeler	rufen

Communiquez

au régime	auf Diät
le régime	Diät
le médecin	Arzt/Ärztin
etc.	usw.
le cholestérol [kɔlɛsteʀɔl]	Cholesterin
les fruits *m Pl*	Obst
le chocolat	Schokolade
l'alcool [alkɔl] *m*	Alkohol

Prononcez

le choix	Wahl
léger/-ère	leicht
ce n'est pas la joie	da gibt's nichts zu lachen
la joie	Freude

Leçon 22 – Petites annonces

souriant	freundlich
dynamique	dynamisch
le/la client/e	Kunde/in
(l') étranger/-ère	fremd, ausländisch; Ausländer/in
parfois	manchmal
le/la réceptionniste	Empfangschef/-dame
contacter	Kontakt aufnehmen mit
la promenade	Promenade
Nice	Nizza

Découvrez

la qualité	Fähigkeit, Stärke
le point fort	Stärke
le point	Punkt
fort	stark
le point faible	Schwäche
faible	schwach

Grammaire

vouloir	wollen
poli	höflich
savoir	wissen; können
il faut	man braucht, muss; etw ist nötig
le futur proche	nahe Zukunft(sform)
le futur	Zukunft
proche	nah
aller (+ *Inf*)	werden (*Futur*)
apprendre	lernen

Savoir dire

la possibilité	Möglichkeit
le savoir-faire	Know-how
la volonté	Wille
l'obligation *w*	Verpflichtung

Entraînez-vous

mettre à la poste	zur Post bringen, einwerfen
la poste	Post
l'idée *w*	Idee
le problème	Problem
répondre au téléphone	sich telefonisch melden
la situation	Situation
réserver	reservieren, buchen
se promener	spazieren gehen/fahren

Communiquez

le cours particulier	Privatunterricht; Nachhilfe
particulier/-ière	privat
l'entretien *m*	Gespräch, Unterhaltung
le/la candidat/e	Bewerber/in
(le) minimum [minimɔm]	mindestens; *hier*: Mindestalter
l'expérience *w*	Erfahrung
la restauration	Gastronomie
indispensable	unbedingt notwendig

Prononcez

la semi-voyelle	Halbvokal
semi	Halb-

Leçon 23 – Qu'est-ce qu'on lui offre ?

l'anniversaire *m*	Geburtstag
quitter	verlassen
partir à la retraite	in Rente gehen
la retraite	Rente
c'est vrai	das stimmt
le, la, l'	ihn/sie/es (*Pronomen*)
Pourquoi pas ?	Warum nicht?
adorer	sehr gerne mögen
original	originell
tiens	soso

Découvrez

le/la collègue	Kollege/-in
la ligne	Zeile

Grammaire

connaître	kennen
le complément d'objet direct (COD)	direktes Objekt (Objektergänzung ohne Präposition)
l'objet direct *m*	direktes Objekt, Akkusativ
direct	direkt
sans	ohne
la construction	Konstruktion
les	sie (*Pronomen*)

Savoir dire

la proposition	Vorschlag
accepter	annehmen

Entraînez-vous

faire la cuisine	kochen
laisser	lassen
l'agenda [aʒɛ̃da] *m*	Terminkalender
les parents *m Pl*	Eltern
l'objet *m*	*hier*: Betreff
à tous les deux	den beiden
préparer	zubereiten
à samedi, dimanche *etc.*	bis Samstag, Sonntag *etc.*

<u>Communiquez</u>

organiser	organisieren
la discussion	Diskussion
l'organisation *w*	Organisation
l'invité/e *m/w*	Gast
le plat	Gericht

<u>Prononcez</u>

caduc/caduque	unausgesprochen (*Phonetik*)
supprimer	weglassen, streichen

Leçon 24 – Le candidat idéal

idéal	ideal
l'ANPE (*Agence nationale pour l'emploi*) *w*	*Arbeitsamt in Frankreich*
national	national
l'emploi *m*	Arbeit, Stelle
réussir qc	etw schaffen, etw gelingt jdm
rechercher	recherchieren, suchen
l'entreprise *w*	Firma
faire attention à	achten auf
la présentation	*hier*: Erscheinung
le (les) cheveu(x)	Haar(e)
pendant	während
l'œil [œj] *m* (*Pl*: **yeux** [jø])	Auge
l'attention *w*	Aufmerksamkeit
court	kurz
correctement	richtig, korrekt
familier/-ière	umgangssprachlich
l' (les) horaire(s) *m* (*Pl*)	Zeitplan

<u>Découvrez</u>

respecter	befolgen (*Rat*)

<u>Communiquez</u>

partir	(weg)gehen, (weg)fahren
exactement	genau
le thème	Thema
l'étranger *m*	Ausland
le guide	Anleitung, Handbuch
la recherche	Suche

Savoir-faire

le règlement intérieur	Haus-, Schulordnung
le règlement	Vorschriften
intérieur	innere/r/s
la collaboration	Zusammenarbeit
le/la baby-sitter [bebisitœʀ]	Babysitter
sur le modèle de…	nach dem Muster
progresser	Fortschritte machen
la leçon	Unterricht, Unterrichtsstunde

Évaluation 2

<u>Production orale</u>

inverser	tauschen
le produit	Produkt

<u>Compréhension des écrits</u>

le récit	Bericht, Erzählung
fini	zu Ende, vorbei
notre	unser
la médina	Medina (*Altstadt einer nordafrikanischen Stadt*)
la côte	Küste
l'Atlantique *m*	Atlantik
la Koutoubia	*Moschee in Marrakesch*
Guéliz	*Stadtteil in Marrakesch*
appeler	anrufen

<u>Production écrite</u>

envoyer	schicken
l'anniversaire de mariage *m*	Hochzeitstag
ce jour-là	an diesem Tag

Unité 7 Un peu, beaucoup, passionnément

passionnément	leidenschaftlich
se préparer (à)	sich bereit machen

Leçon 25 – Enquête

le questionnaire	Fragebogen
le sexe	Geschlecht
plus [plys]	mehr
un peu (de)	ein bisschen
beaucoup (de)	sehr; viel
pas du tout	überhaupt nicht
préféré	Lieblings-
l'opéra *m*	Oper
préférer (+ *Inf*)	vorziehen, lieber machen
aller sur Internet	ins Internet gehen
l'Internet [ɛ̃tɛʀnɛt] *m*	Internet
la discothèque	Diskothek

<u>Découvrez</u>

les loisirs *m Pl*	Freizeitbeschäftigung
en	davon, darüber
ne… plus [nə ply]	nicht mehr
détester	verabscheuen, hassen

<u>Grammaire</u>

la fréquence	Häufigkeit
peu (de)	wenig
l'expression de quantité *w*	Mengenausdruck
ça	es, das (*betont*)
le chocolat	Schokolade
la proposition infinitive	Infinitivsatz
la proposition	Satzteil
aimer (+ *Inf*)	mögen (+ *Inf*), etw gerne tun

Savoir dire

la préférence	Vorliebe
l'intensité *w*	Intensität

Entraînez-vous

faire du théâtre	Theater spielen
en ce moment	im Moment
avoir le temps	Zeit haben
la fin	Ende, Schluss
prendre une photo	ein Foto machen
danser	tanzen

Prononcez

la consonne	Konsonant

Leçon 26 – Quitter Paris

attendre	warten, erwarten
pourquoi	warum
parce que	weil
trop (de)	zu (viel/e)
la pollution	Umweltverschmutzung
pas assez	nicht genug
l'espace vert *m*	Grünfläche
l'espace *m*	Raum
l'avantage *m*	Vorteil
ouvert	offen, auf
ouvrir	öffnen
s'imaginer qc	sich etw vorstellen
vraiment	wirklich
tout le monde	jeder, alle Leute
se connaître	sich kennen
pas mal	nicht schlecht
mal	schlecht
ensemble	zusammen
tous/toutes [tus / tut]	alle (*Pronomen*)
penser qc de qn/qc	etw über jdn/etw denken
être d'accord	einverstanden sein
peut-être	vielleicht
avoir raison	recht haben

Découvrez

pour ou contre	(da)für oder (da)gegen
le titre	Titel, Überschrift
le sujet	Thema
préciser	präzisieren
la maison de vacances	Ferienhaus
la maison de campagne	Landhaus
l'inconvénient *m*	Nachteil

Grammaire

la cause	Ursache
assez (de)	genug
tout le / toute la	der/die/das ganze
tous les / toutes les [tule / tutle]	alle (*Indefinitbegleiter*)

Savoir dire

la contestation	Einwand

Entraînez-vous

Pour quelle raison ?	Aus welchem Grund?
la raison	Grund
fatigué	müde
changer (de)	wechseln, austauschen
notre	unser/e
la boulangerie	Bäckerei
le bruit	Lärm
le petit gâteau	Keks, Plätzchen
se marier (avec qn)	(jdn) heiraten

Communiquez

justifier	rechtfertigen
voyager	reisen
gagner	verdienen (*Geld*)
l'argent *m*	Geld

Prononcez

le terme	Begriff
l'intonation *w*	Betonung
imiter	nachahmen

Leçon 27 – Vivement les vacances !

Vivement… !	Hoffentlich ist/sind bald …!
enfin	also
se baigner	baden
s'amuser	sich amüsieren
la glace	Eis
bref	kurzum; mit einem Wort
…, quoi !	eben …
amuse-toi bien	viel Spaß
il fait chaud	es ist warm
faire : il fait…	das Wetter ist …
s'ennuyer	sich langweilen
faire du camping	zelten
le camping	Camping, Zelten
le calme	Ruhe
la Sicile	Sizilien
(se) calmer	(sich) beruhigen
arrêter (de)	aufhören (zu)
rêver	träumen
la pause	Pause
fini	zu Ende, vorbei
Au travail !	An die Arbeit!

Découvrez

la conversation	Konversation, Gespräch

Grammaire

le rappel	Erinnerung
renvoyer (à)	verweisen (auf)
la place	Stelle
toi	dich

Entraînez-vous

avoir chaud	jdm ist es warm
bah	tja
le/la vacancier/-ière	Urlauber/in

Communiquez

Alors… ?	Und?
positif/-ive	positiv
une nouvelle fois	noch einmal
le commentaire	Kommentar

Prononcez

l'alternance *w*	Wechsel
quelques	ein paar, einige

Leçon 28 – Les Français en vacances

la location	Miete; Mietwohnung
le camping	Campingplatz
la résidence secondaire	Zweitwohnsitz
la résidence	Wohnsitz
secondaire	Neben-, sekundär
en juillet, août *etc.*	im Juli, August *etc.*
août *m*	August
le soleil	Sonne
culturel/le	kulturell, Kultur-
sportif/-ive	sportlich, Sport-
en couple	als Paar
le couple	Paar
le groupe organisé	Reisegruppe
le pourcentage	Prozentsatz
le sondage	Umfrage
le ministère	Ministerium
mai *m*	Mai

Découvrez

le résultat	Ergebnis
corriger	korrigieren
le point de vue	Ansicht
tranquille	ruhig
ou bien	oder
le monde (*les gens*)	Leute
principalement	hauptsächlich
comme ça	so
pratique	praktisch
pas cher/chère	billig
rencontrer	treffen
beaucoup d'entre eux	viele von ihnen
d'entre (eux/elles)	von, unter (ihnen)
entre	unter, von

Communiquez

faire le portrait de qn	jdn beschreiben, porträtieren
à l'écrit	schriftlich
il s'agit de	es handelt sich um
s'agir de qc	sich handeln um

Savoir-faire

la fiche	Karteikarte; Zettel
quand	als, wenn
plaire à qn	jdm gefallen
expliquer	erklären
ce qui	das, was
envoyer	schicken
joindre	einfügen
se passer	laufen, ab-, verlaufen
Venise	Venedig
je t'embrasse (*Briefschluss*)	ich küsse dich
embrasser	küssen
conseiller	beraten
environ	ungefähr

Unité 8 Tout le monde en parle !

âgé	alt, älter
les personnes âgées	Senioren
redécouvrir	wiederentdecken
la jeunesse	Jugend

Leçon 29 – Enfant de la ville

quand	als
petit	jung
le/la fan [fan]	Fan
parler de	sprechen über
le corps [kɔʀ]	Körper
malade	krank
l'enfance *w*	Kindheit
venir de faire qc	gerade etw getan haben
sortir (*livre, CD*)	herausbringen (*Buch, CD*)
l'album [albɔm] *m*	Album
le slam [slam]	Slam, Wettstreit, Wett-
heureux/-euse	glücklich
l'époque *w*	Zeit
surtout	vor allem
le basket [baskɛt]	Basketball
le prof (*ugs*)	Lehrer/in
assez	ziemlich
la chanson	Lied, Chanson
le petit nom	Kosename
le chaton	Kätzchen

Découvrez

l'introduction *w*	Einleitung
interviewer [ɛ̃tɛʀvjuve]	interviewen
le footballeur [futbolœʀ]	Fußballspieler
professionnel/le	professionell

Grammaire

l'imparfait *m*	Imperfekt, Präteritum
la terminaison	Endung
le passé récent	nahe Vergangenheit
récent	kürzlich eingetreten

Savoir dire

l'état *m*	Zustand

Entraînez-vous

allô	Hallo (*am Telefon*)
conjuguer	konjugieren
la langue	Sprache
l'été *m*	Sommer
le grand-père	Großvater
la grand-mère	Großmutter
entrer	(*in eine Schule*) kommen, eintreten

Communiquez

le micro-trottoir	Straßenumfrage
le micro	Mikro
le trottoir	Bürgersteig
plus tard	später
plus (+ *Adjektiv/Adverb*) [ply]	*1. Steigerungsform*

Prononcez

la consonne sourde	stimmloser Konsonant
sourd	*hier*: stimmlos
la consonne sonore	stimmhafter Konsonant
sonore	*hier*: stimmhaft

Leçon 30 – Faits divers

le fait divers	Lokalnachricht, Meldung
le fait	Fakt, Tatsache
divers	verschiedene/r/s; sonstige/r/s
la radio	Radio
les nouvelles	Nachrichten
terrible	schrecklich
l'accident *m*	Unfall
se passer	passieren, sich ereignen
l'autoroute *w*	Autobahn
le camion	Lastwagen
(le/la) blessé/e	verletzt; Verletzte/r
sur place	vor Ort
alors voilà, …	ja, also, …
sur les lieux de…	am/an den Ort (*des Geschehens*)
arriver (à qn)	(jdm) passieren
se coucher (*camion*)	*hier*: sich flach legen, umkippen
la route	Straße
s'arrêter	stehen bleiben
rouler	fahren
vite	schnell
en plus [ɑ̃ plys]	außerdem
pleuvoir	regnen
glissant	glatt, rutschig
heurter	gegen etw/jdn stoßen, fahren *etc.*
terrifié	entsetzt

Découvrez

le reportage	Reportage
les circonstances *w Pl*	Umstände, Einzelheiten

Grammaire

l'emploi *m*	Gebrauch
l'état d'esprit *m*	Gemütszustand
l'esprit *m*	Geist

Entraînez-vous

le billet	Eintrittskarte
avant	früher, vorher, vor
le modèle	Muster

Communiquez

le témoignage	Augenzeugenbericht
correct	richtig, korrekt
Au voleur !	Haltet den Dieb!
le voleur	Dieb
voler	stehlen
ce qui	das, was
le vol	Diebstahl

Leçon 31 – Ma première histoire d'amour

l'amour *m*	Liebe
février *m*	Februar
amoureux/-euse (de)	verliebt
se souvenir (de)	sich erinnern (an)
l'Irlande *w*	Irland
se rencontrer	sich begegnen, sich treffen
à partir de	ab

Grammaire

le but	Ziel
pour (+ *Inf*)	um zu
pour apprendre	um zu lernen

Entraînez-vous

la vie amoureuse	Liebesleben
résumer	zusammenfassen
novembre *m*	November
avoir un enfant	ein Kind bekommen/haben
évident	klar, eindeutig
l'Afrique *w*	Afrika
l'école de langues *w*	Sprachschule

Communiquez

le casting [kastiŋ]	Casting
jeune	jung
se présenter (pour)	erscheinen (zu)

Prononcez

mettre	anziehen
la jupe	Rock
neuf/neuve	neu

Leçon 32 – La 2CV… et autres symboles !

la 2CV (*deux chevaux*)	2CV, „Ente"
le symbole	Symbol
la roue	Rad
le parapluie	Regenschirm
appeler	nennen
le cheval (*Pl* **chevaux**)	Pferd
célèbre	berühmt
fabriquer	herstellen
septembre *m*	September
arrêter	anhalten, stoppen
la guerre	Krieg
finalement	schließlich
octobre *m*	Oktober
il existe	es gibt
la Finlande	Finnland
la Hollande	Holland

Découvrez

De quoi ça parle ?	Worum geht es?
le résumé	Zusammenfassung

Communiquez

la tour	Turm
la baguette	Baguette, Stangenbrot
la haute couture	Haute Couture
haut	hoch

la couture	Nähen, Schneidern
le champagne	Champagner
le camembert	Camembert
le tour de France	Tour de France (*Radrennen*)
le tour	Rundfahrt
le croissant	Croissant
le coq [kɔk]	Hahn
le coût	Kosten
la construction	Bau

Savoir-faire

le blog	Blog
créer	erstellen, gestalten
participer	teilnehmen
le temps	Wetter
se donner rendez-vous	sich verabreden
le café	Café
l'élève *m/w*	Schüler/in
gagner	gewinnen
maximum [maksimɔm]	maximal
envoyer	schicken
cela	es, das
on verra bien	wir werden schon sehen
le/la lycéen/ne	Gymnasiast/in

Unité 9 On verra bien !

Leçon 33 – Beau fixe

le beau fixe	stabiles schönes Wetter
fixe	feststehend, stabil
allumer	einschalten
le temps	Wetter
la météo	Wettervorhersage
Strasbourg	Straßburg
sortir	herausholen
le nuage	Wolke
la pluie	Regen
avoir de la chance	Glück haben
la chance	Glück, Chance
briller	scheinen (*Sonne*)
certainement	gewiss, sicherlich
la température	Temperatur
le degré	Grad
s'inquiéter	sich Sorgen machen
certain	sicher
il fait beau	es ist schönes Wetter
sûr	sicher

<u>**Découvrez**</u>

la prévision	Vorhersage
météorologique	meteorologisch, Wetter-

<u>**Grammaire**</u>

le futur simple	Futur I, Zukunftsform
irrégulier/-ière	unregelmäßig

<u>**Savoir dire**</u>

froid	kalt
la probabilité	Wahrscheinlichkeit
croire	glauben
la certitude	Gewissheit

<u>**Communiquez**</u>

probable	wahrscheinlich
le bulletin météo	Wetterbericht
le bulletin	Bericht

<u>**Prononcez**</u>

double	doppelt
l'appareil *m*	Gerät, Apparat
classer	einteilen
la colonne	Spalte

Leçon 34 – Projets d'avenir

le projet	Plan, Vorhaben
l'avenir *m*	Zukunft
tout de suite	sofort
le baccalauréat, bac	Abitur, Abi
félicitations *w Pl*	Glückwünsche; herzlichen Glückwunsch
essayer [eseje]	versuchen
facile	einfach
la Corse	Korsika
ouvrir	eröffnen
la crêperie	Crêperie
donc	also
prendre des vacances	Urlaub nehmen
le boulot (*ugs*)	Job, Arbeit
donner des cours	unterrichten
s'appeler	sich anrufen
je t'embrasse	mach's gut, Tschüss; liebe Grüße
embrasser	umarmen, küssen
On se rappelle bientôt !	Man hört sich bald wieder!
se rappeler	*hier:* sich zurückrufen

<u>**Découvrez**</u>

la jeune fille	Mädchen, junge Frau
les études *w Pl*	Studium

<u>**Savoir dire**</u>

l'intention *w*	Absicht

<u>**Entraînez-vous**</u>

finir (de)	beenden; zu Ende (+ *Inf*)
seulement	*hier:* erst
sortir le chien	mit dem Hund hinausgehen, Gassi gehen

Leçon 35 – Envie de changement

l'envie *w*	Wunsch; Lust
avoir envie de	Lust haben zu/auf etw
le changement	Veränderung
si	wenn, falls
faire des travaux	umbauen
les travaux *m Pl*	(Um)Bauarbeiten
la peinture	Farbe
la salle à manger	Esszimmer

supprimer	*hier*: einreißen
facilement	einfach
mettre	stellen, legen
quand	wenn
installer	einrichten, einbauen
la cheminée	Kamin
la dépense	Ausgabe (*Kosten*)

<u>Découvrez</u>

envisager	planen, ins Auge fassen
en premier	als Erstes, zuerst

<u>Grammaire</u>

la condition	Bedingung
l'hypothèse *w*	Vermutung

<u>Entraînez-vous</u>

la maman	Mama
le papa	Papa
l'excuse *w*	Entschuldigung
partir en vacances	in den Urlaub fahren
cela	es, das
négativement	negativ, verneinend
emmener	mitnehmen

<u>Communiquez</u>

À quelle condition ?	Unter welcher Bedingung?
le début	Anfang
le rêve	Traum

<u>Prononcez</u>

la bouche	Mund
se retrouver	sich treffen

Leçon 36 – Le pain, mangez-en !

en moyenne	im Durchschnitt
la moyenne	Durchschnitt
fantastique	fantastisch, toll
le commerce	Geschäft
le nombre	Zahl

<u>Découvrez</u>

la publicité	Werbung
le message	Botschaft
principal	Haupt-
la conséquence	Folge
même	selbe/r/s
le petit boulot	Gelegenheitsjob

Savoir-faire

terminer	beenden, abschließen
chercher du travail	einen Job suchen
Bergame	Bergamo
appeler	anrufen
aller chercher qn	jdn abholen
le yoga	Yoga
l'horoscope *m*	Horoskop
le document	*hier*: Tondokument
le signe	Zeichen, *hier*: Sternzeichen
le bélier	Widder (*Sternzeichen*)
avril *m*	April
le taureau	Stier (*Sternzeichen*)
les gémeaux *m Pl*	Zwillinge (*Sternzeichen*)
le cancer	Krebs (*Sternzeichen*)
le lion	Löwe (*Sternzeichen*)
la vierge	Jungfrau (*Sternzeichen*)
le lieu de vie	Ort, an dem man lebt
le repos	Erholung
sonore	Ton-

Évaluation 3

<u>Compréhension de l'oral</u>

le document	*hier*: Tondokument
peindre	malen

<u>Production orale</u>

évoquer	schildern
contester	widersprechen, protestieren
proposer	anbieten
le programme	Programm

<u>Compréhension des écrits</u>

apporter	mitbringen
l'invitation *w*	Einladung
se passer	stattfinden
l'image *w*	Bild

<u>Production écrite</u>

le logement	Wohnung; Unterkunft
venir voir qn	jdn besuchen